たたかわない生き方

大下容子

CCCメディアハウス

はじめに

一所懸命、がむしゃらに働いていたら、いつの間にか50歳を過ぎていました――というのが、いまの私の偽らざる心境です。

1993年にテレビ朝日にアナウンサーとして入社し、あっという間に歳月が流れました。

その間、私がしていたことといえば、ひたすら仕事。とくに、28歳で昼のワイドショー「ワイド！スクランブル」に参加してからは、23年間、毎週月曜日から金曜日の生放送を無事にやり遂げること、ほかの番組をきちんと務めることに必死で、全力で駆け抜けて現在に至る……という感じです。

思えば、バレーボールに熱中していた中学時代も、バンド活動にはまっていた高校時代も、ずっとこんなふうでした。先のことなど何も考えず、その日をとにかく夢中で生きてきた。三つ子の魂、ではないですが、10代からいままで、そう考えると何も変わっていないのだなと、つくづく思います。

もともとはアナウンサー志望でもなく、マスメディアについて何の知識もなく勉強もしてこなかった私が、アナウンサーになって、それなりの長い期間、組織の中で仕事をしてきました。

そのこと自体、自分でも不思議だなあと思ううえに、昨年の春には「役員待遇エグゼクティブアナウンサー」という、たいそうな肩書きまでいただいてしまいました。まったく、思いがけないことでした。

どうしてそうなったのか。その間、何を考えてきたのか。今回、機会をいただいて、振り返ってみることになりました。

私が経験してきたことは、本当に限られたことのみですが、それでもアナウンサーの仕事は「伝えること」。仕事をしてきた中で出会った方々から受け取り、心に残った言葉や、いまも大切にしていることなどを、書いてみることにしました。

はたして、役に立つお話になりますかどうか……。どうか、最後まで楽しんでいただけたらと思います。

もくじ

第2章

失敗だらけのアナウンサー修業

第3章

たたかわない生き方・組織の中でも自分らしく、無理なく

第4章

人に会い、人に学ぶ

第5章 大人からは「たたかう」努力も必要？

第6章

50歳、そしてこれから

第1章

私の毎日

23年目の「ワイド！スクランブル」

生放送は「格闘」から始まる

東京・六本木にあるテレビ朝日の第3スタジオ。そこが、アナウンサーとしての私の仕事場です。

毎週月曜日から金曜日、一部地域をのぞいて午前10時25分から午後1時に放送している「大下容子ワイド！スクランブル」。政治、経済から災害、事件、スポーツ、エンタテインメントまで幅広く扱う生放送のワイドショーは１９９６年４月に放送が始まり、98年の秋に私が参加してから、今年で23年目になりました。

長くアシスタントとして携わってきたこの番組で、私がメインＭＣを務めることになったのは、２０１８年秋のこと。翌19年の春からは、番組タイトルに自分の名前がつくことになりました。

「一会社員の名前を番組のタイトルに？」と驚き、当惑したことについてはのちの章であらためてふれますが、いまも週５日の生放送を行っています。

私の毎日

放送のあるウイークデーは、毎朝5時すぎに出社します。出社してまず取りかかるのは、一般紙、スポーツ紙を含め、複数の新聞に目を通すこと。続いて、当日の朝までに送られてきた進行台本をもとに、番組で取り上げるテーマについての個人的な勉強というか、情報との格闘を行います。

以前は、前日の放送が終わったあとの反省会の席で、翌日の打ち合わせを行っていました。そうして、夕方くらいにメールで送られてくるテーマ案をもとに、夜のニュースをチェックしたり、翌日に出演されるコメンテーターやゲストのプロフィールを確認する作業などを行っていたのです。

しかし、ニュースの更新サイクルがどんどん早まっている現在は刻一刻と状況が移り変わり、視聴者の関心も動いていきます。そのため、前日の準備ではもう古くなっていることがあるのです。そこで、朝起きた時点でのニュースの新たな展開に対応するため、出社時間はどんどん早まっていきました。

ニュースソースの柱は、私の場合やはり新聞。保守系からリベラル系まで、複数紙に目を通し、同じニュースに対する視点の違いを確認します。ネットニュースは、最新の情報をチェックする用に。朝の勉強は、情報をお伝えするうえでここは外せないという肝の部分を、自分の中で鮮明にするための作業です。

準備の時間が長くなったのには、やはり番組における自分の立場の変化が影響していると思います。

アシスタントMCをしていたときは、何かわからないことがあるとメインMCに「これは、どういうことなんでしょうか？」と尋ねることができました。でも、メインMCになってからは、私があまりにも何も知らないのでは進行役が務まりません。

たとえば、最近は海外のニュースを取り上げることが増えています。

その際、まずその国の場所を確認し、接している国はどこか、人口は、民族は、宗教は、主な産業は……と基礎的なことから調べ始めます。そうすると、「あれも知りたい、これも頭に入れておかなくては……」となって、どんどん時間が過ぎていきます。結果、整理しきれないうちに打ち合わせに突入することも、ままあります。

打ち合わせの前には、「このゲストにこういう質問をしよう」「このコメンテーターにはここでしっかり話していただきたいな」など、自分の中でシミュレーションしながら叩き台となる台本に書き込んでいきます。聞くべきことは何なのか、誰に何を聞くのか。自分ひとりでできる準備は、なるべく片づけておくようにします。

つまり、朝の準備がすべてといっていいくらい、この時間は重要です。たとえ調べたことがオンエアに乗らなくても、自分の中には蓄積されますし、勉強することで、さまざまな視点を持つ大切さを日々、再確認できるからです。

そしてなにより、オンエアに臨む覚悟ができます。「ここまで準備したのだから、これでダメなら仕方がない」と腹をくくれる感じです。そうなると、心に少し余裕が生まれるのです。

準備不足で余裕がないと、「次、どうしよう」と自分のことだけでいっぱいいっぱいになって、コメンテーターの話をしっかり聞くことができなくなってしまいます。


また、毎日よい状態で出演するには、体調管理も欠かせません。いまは週6日、スポーツジムで体幹トレーニングやストレッチなどのメニューをこなし、20分ほど軽く身体を動かしています。

スポーツクラブへは、身体の代謝が悪くなってきたなと感じた30代半ばから通い始めました。はじめは、週2〜3回。それが少しずつ増えて、この10年はいまのペースで続けています。


以前は毎日30分くらいガンガン走って汗だくになり、シャワーを浴びてシャキッと

第１章

してから「よーし、今日も1日頑張るぞ」と出社していました。しかし、40歳を越えたころからガクッと体力が落ち、10分走るだけでグッタリ、という状態になりました。

そこで、無理はやめようと徐々に軽い運動に切り換え、時間もグッと短くしました。

それでも、とにかく「スポーツクラブに足を運ぶ」ことが大事かなと思っています。

長年の観察で、スポーツクラブを出るときに不機嫌な人って、あまりいないなと感じています。みなさん、なんだかスッキリした顔をしています。

以前読んだ本に「身体を動かすと、脳内からゴキゲン物質が出る」とありました。私も「今日もなまけたくなったけれど、なんとか頑張ったな」と思うと、ちょっと自分をほめてあげたくなり、たしかにゴキゲンになるのです。

いい気分でオンエアに突入したい、いい笑顔でいたい――そんなことで、この習慣が続いている気がします。


身体を動かすといいことは、ほかにもあります。

たとえば、仕事のアイデアは、机に向かっているときよりもグーッと身体を伸ばしているときに出てきたりします。「あっ、この質問してみよう」「今度、こういうゲストをお招きできたらなあ」などなど。散歩しているときにも、よく思い浮かびます。

ちょっと別のことをするのは、大切ですね。

番組時間は長くなったり短くなったりと、編成上いろいろ変わりましたが、いまは2時間35分です。しかもその間、立ちっぱなし。30代、40代、50代と年齢を重ねるにつれ、生放送の間、いかに体力と集中力を途切れさせずに進行するかが大きな課題になっています。

このごろようやく見えてきたのは、集中するためには「形から入る」ということです。「集中しよう！」と精神面で気合を入れても、なかなか集中できるものではありません。むしろ集中しようと思うこと自体、雑念が入っているともいえます。朝からどう動けば、最もよい状態でオンエアに臨めるか。それがつかめたら、その形を続けます。

ルーティンの真髄は、頭で考えなくても自然に集中できる形を作ることなのだと、恥ずかしながら、いまやっと腑に落ちています。

打ち合わせでは、打ち合わせすぎない

半分ほどメイクをして、自分ひとりの準備時間のあと、８時半から全体での打ち合わせが始まります。

お気づきの方もいらっしゃるかもしれませんが、いまのワイドショーはスタジオで話す時間がとても増えています。

ひとつには、テレビ局側の事情があります。ロケに行って編集してナレーションをつけて……というVTR作りにかける予算がなかなか確保できなくなったこともあって、「ワイド！スクランブル」でもMCとコメンテーター、ゲストがスタジオでやりとりする時間が、以前よりずっと増えました。

それはいいことでもあるのかな、と私は考えています。

ニュースの内容にもよりますが、いまはスマートフォンなどの普及で情報が手に入りやすい世の中になりました。そして、どの情報番組でも同じようなニュースを扱っています。その同じニュースをどうわかりやすく、面白い視点で伝えるかで、番組の差がつくのです。

一方で、テレビを観ている人は情報に感動するというよりも、じつは人が発した言葉に心を動かされるのではないでしょうか。ですから、情報の分量とのバランスは難しいのですが、私はなるべくスタジオで話す時間を確保したいと思っています。

「このニュースで、この人は何を語るのか」

私がテレビを観るときは、そこに注目しますし、その点を大切にしたいのです。

出演予定のコメンテーターやゲストの方々がテーマについてどんな意見をお持ちなのか、どれくらいの熱量を持っていらっしゃるかを確認するのも、スムーズに番組を進めていくための大切なプロセスです。

打ち合わせの席では、私はほとんど言葉を発しません。

スタッフがそれぞれの方に質問を投げかけ、私はその答えを聞きながら「このニュースの、この方の意見は面白いな」「違う考えをお持ちの、この方にも聞かなくちゃ」など、打ち合わせ前の自分の準備とのすり合わせや修正をしていきます。

ここで心がけているのは、「話を聞きすぎない」「打ち合わせをしすぎない」ことです。言葉というのは不思議なもので、一度口から発したものを二度目に言うときには、どうしても鮮度が落ちてしまうのです。

生放送でのトークには、話が噛み合わなくなったり残り時間がなくなったりするリスクがつきもの。ですから、なるべく打ち合わせの段階できっちり決めたがるスタッフも少なからずいます。その気持ちもわかります。

でも、話しながら思わず熱くなったり、涙ぐんだり、黙り込んで間ができたりするのも、生放送ならではの味わい。そうしたものを大切にしたいと思っています。スムーズに行くことだけが正解とは限らないのです。

こうして、打ち合わせで7割くらいのイメージを頭の中に作って、本番に臨みます。残りの3割を楽しめる余裕を持つためにできうる限りの準備をするのは、先にお話しした通りです。

ただし、いま申し上げた打ち合わせは、新型コロナウイルス感染症「前」までのことです。どのように変化したのかは、またのちほど。

MCの理想は「よい審判」

10時25分。いよいよ、今日のオンエアが始まります。

生放送のMCの役割として大事なのは、ニュースの根幹となる部分を「本線」としてきちんと把握しておくこと。そうすれば、あとは聞き役に徹し、それぞれのテーマについて、コメンテーターやゲストのみなさんに自由に話していただきます。

本線なき脱線はただの迷走ですが、押さえるべきところを外さなければ、異なる意見で対立しても手応えが得られます。それをダイレクトにお伝えできるのが、生放送の醍醐味です。

長くなったとはいえ、やはり限られた時間のこと。さまざまな意見をバランスよく取り上げながら、コメンテーターのコメントをつないで規定の時間内に収めるというのは、なかなか難しいものです。

生放送中、「いま、ここでしゃべりたい」というとき、コメンテーターの方々は目や表情でＭＣの私に訴えてこられます。身を乗り出さなくても、気配でひしひしと伝わりますので、そういうときは多少時間をオーバーしても、なるべく応えて差し上げたいと思ってしまいます。

フロアディレクターが「そろそろ次へ」という指示のペーパーを出しても、ここはもう少し話してほしいなと思えば、時間の許す限り踏み込む。そのあたりのせめぎ合いや取捨選択は、本当に瞬時の判断なので難しいのですが、やりがいを感じる部分でもあります。

理想的な状態は、ニュースそのものと、それについて語るコメンテーターの方々が双方引き立って見えること。

私はスポーツが好きなのですが、ニュースが競技でコメンテーターがプレイヤーだとすれば、ＭＣやアナウンサーは審判のような存在だと思っています。

野球でもサッカーでも、よい審判というのは目立たないものです。試合の流れを邪魔せず、でもここで判断が必要だというときには、毅然とジャッジができる。

番組も同じで、順調に流れているときは私が関与しなくてもいいのですが、「いまの言葉はどうも引っかかる」「違う見方を投げかけたほうがいい」というときに、それをきちんと指摘し、軌道修正できる存在でありたいのです。

目の前で行われている議論に集中しつつも、つねに客観的にスタジオの状況を俯瞰する。顕微鏡の倍率を上げたり下げたりする感じ……とでもいうのでしょうか。そうした、自在な視点の変化を心がけています。

なにより、視聴者の方々に毎日楽しく観ていただき、コメンテーターやゲストの方々にも気持ちよく話せた経験を持ち帰っていただきたい。「あの番組にだったら、話してもいい」「楽しかったから、また出たい」と感じてくださっていたらうれしいなと思うのです。

できるだけ穏やかに、淡々と

災害や事件、事故、政治上の論争などを扱うことが多いのですが、「ワイド!スクランブル」をご覧くださる方からは、しばしば「穏やかでいい」「安心して見られる」

という感想をいただきます。

私自身も、なるべく安定した、落ち着いた状態で日々の放送をお届けしたいと思っています。

なにしろ、考えもしなかったことが次々に起こる世の中です。取り上げるニュース自体が十分センセーショナルなので、ほかのことではなるべく視聴者の方々の心をざわつかせないように、そして不快感を与えないようにしたい。

ですから、MCとしても、あまり余計なことは言わないで、なるべく淡々と進行するスタイルを心がけています。


「ワイド！スクランブル」が放送されている昼の時間帯は、各局の情報番組が集中する、視聴率の激戦区です。

かつてはタモリさんが司会を務められた「森田一義《かずよし》アワー　笑っていいとも！」（フジテレビ系列・82年10月〜14年3月放送）、そしてみのもんたさんの「午後は◯◯《まるまる》おもいッきりテレビ」（日本テレビ系列・87年10月〜07年9月放送）という2大看板番組がしのぎを削っていた枠《わく》。そのほかの局でも、人気タレントの方がMCを務める華やかな番組が代々放送されています。

そんな中で、一見地味なこの番組が、よく20年以上も続いてきたものだと思います。もしかすると、この淡々とした穏やかなところに安心を感じていただけているのかもしれません。

私自身は、知識も教養も足りていませんし、タレントさんのような優れた反射神経も持ち合わせておらず、芸人さんのような面白い切り返しができるわけでもありません。そこで競っても、きっと他局の同時間帯の方々には太刀打ちできないでしょう。

それならばアナウンサーらしく、一人ひとりのお話をしっかりと聞き、わかりやすく確実に情報をお伝えすることを最優先にと考えています。

「愚直にやっていきましょう」というのが、いつのころからか番組の方針になりました。派手でなくても、それがひとつの個性として視聴者の方々に伝われば、それでいいのだと。

なるべく感情を穏やかに保って（これはこれで、けっこう難しいのですが）、自分ならこういうものが見たいと思うような、落ち着いた番組作りができればと思っています。

もうひとつ心がけていることがあるとすれば、「言いすぎないで番組をまとめる」ということでしょうか。

あるテーマをお伝えするとき、「これはこうでこうなんです」と自分がすべてを言いきってしまわずに、腹八分目というか、少し余白を残す感覚。

私は、白か黒かを決めつけられるほどの人間ではありませんし、世の中のほとんどのことはグレーで、濃淡があるものだと思っています。

昔、美術館で与謝蕪村《よさぶそん》の掛け軸を見たときに、余白の潔い美しさが心に残り、余白あっての作品なのだと感じ入りました。

言葉も番組も、そうなのかもしれません。余白のその先は、ご覧になった方がそれぞれ考えたり感じたりすることで埋めていくものと。

やっぱり、生放送が好き

「ワイド！スクランブル」は日中に放送されるワイドショーなので、動いている出来事が最優先。綿密に打ち合わせをしていても、突如飛び込んできたニュースで冒頭から流れがまるっきり変わってしまうということも、しばしば起こります。

飛び込んでくるのは、気象災害だったり事件だったりと、よくないことが多いものです。悲しい出来事をお伝えしなければならないとき、怒りがわくようなニュースのときなど、思わず一私人としての思いがあふれてしまうこともあります。

これまでお伝えした通り、番組の進行はあまり感情的にならず、淡々と行いたいと思っています。しかし、かつて番組を担当していたプロデューサーが「大下の中に自然にわきあがった思いは、大事にしていいんだよ」と言ってくれたことがありました。

ひとことで伝わるときもあれば、たくさん言葉を尽くしても伝わらないときもある。たとえきれいなコメントができなくても、そのときそのときの正直な思いを、アナウンサーとしてわかりやすく伝える技術を磨いていかなくてはと心がけています。

番組には台本があります。しかし私は、何か突発的な出来事が起こって台本のない状態でやらせてもらうときのほうが、自分の総合力が問われていると感じて、力がわきます。

つくづく、私は生放送が好きなのだと思います。生放送には、気力、体力と緊張感を調整してピークに持っていく、一種のスポーツのような感覚があるのです。

そして、どんなに間違えようが失敗しようが、終わる時間が来たら終わるのもいいところ。収録のように、いつ終わるかわからない、どこを使われるかわからずにずっと緊張をしていなければならないということがないのですから。

こういうことを楽しみながらできるようになったのは、40歳を過ぎてから。30代くらいで仕事を辞めていたら、きっとこの境地にはたどり着くことができなかったと思います。


1日の放送が終わるたび、「今日は、テーマについてわかりやすくお伝えできただろうか」「コメンテーターのみなさんは、言いたいことを言えただろうか」「ゲストの方から訊くべきことを訊けただろうか」「それぞれの方が輝いて見えただろうか」と、放送内容を振り返ります。

満足できる日は、1日もありません。

はじめて取り上げるテーマを扱った日などは、話がスムーズにつながらなかったり、短い言葉でズバッと問題点を指摘することができなかったり。ゲストの方から十分にお話を引き出せなかったりすると、実力不足を痛感して落ち込みます。もう少し準備ができればよかった。あと1時間、かける時間があれば……と。

しかし、生放送の時間はもう返ってきません。そして、失敗からしか学べないこともまたあるのが、生放送。頑張れるし、もっとこうしたい、うまくなりたいと思えるということは、やっぱり私が生放送を好きだからなのでしょう。

その日その日のベストを尽くして、終わったら反省をして、また明日に備える。23年目のいまも、変わらずにそれを精いっぱい繰り返しています。

いま、コロナ禍の中で

そんな番組の現場は、20年春からの新型コロナウイルス感染症の拡大で、ずいぶん様変わりしました。

以前は小さな部屋に、コメンテーターも含めて10人以上が集まって行っていた放送前の打ち合わせは、いまはなるべく広い部屋で、私を含めて5人程度のスタッフが距離を保ちながら行っています。

放送直前にしかお会いできなくなったコメンテーターの方々からの情報は、スタッフが前日に電話などで聞き取りをして私に伝えてくれるようになりました。また、スタジオ内の「密《みつ》」を避けるため、リモート出演になる方も増え、あるときはスタジオがモニターだらけになったこともありました。

そうするとわからなくなったのが、あの「しゃべりたい」という気配です。

スタジオに相手がいれば感じることができますが、リモートの画面からだとそれがわかりにくくて汲み取れなかったり、逆に水を向けなくてもいいときに向けてしまったりと、勝手がわからず、最初はずいぶん失敗を重ねました。いまも克服できていません。

それでも、長く出演してくださっているコメンテーターの方々には、何度も助けられています。

スタジオに入るまで会えず、打ち合わせもできない状態にもかかわらず、放送中のコミュニケーションがうまくいき、言葉のパスがうまく回っていると感じられる瞬間があります。みなさん、私のことをよくわかってくださっているし、私のほうでも、みなさんの思いがつかめる瞬間がある。

長年の経験で培った阿吽《あうん》の呼吸のようなものが、こうした非常時に発揮されていることは、ＭＣとして本当に頼もしく、また、うれしくも感じます。

感染対策などさまざまな負荷がかかり、制約による不自由さや苦労も感じていますが、逆に日々のスタッフワークにおいては、コロナ禍によって見直せた部分もあったように思います。

以前は放送終了後、反省会と打ち合わせでなんだかんだと小一時間、皆で居残り作業をしていましたが、いまはスタジオで別れ、連絡はメールで。

その日のオンエアを担当したスタッフは、徹夜をするなど放送までの仕事でクタクタでしょうから、早く上がれればそれだけ負担が減ります。1時間でも、とても大きい。こうした勤務シフトの見直しができたのは、よかったことのひとつです。

なくなって残念なものといえば、雑談でしょうか。

打ち合わせや放送の合間に、周りのスタッフやコメンテーター、ゲストの方々がつぶやいたことがそのニュースの裏テーマになったり、そこから質問が浮かんできたりと、次へのアイデアが生まれたりすることが、けっこうあるのです。

コロナ禍の、必要最低限の人たちだけが集まり、必要なことだけを話して……という毎日ではなかなか難しいかもしれませんが、いつか事態が落ち着いたときには、楽しくて有意義な雑談の時間が戻ってくればいいなと思っています。

そんなわけで、私自身も解放される時間が早くなったので、自分のデスクに戻ってメールの返事を書いたり、雑用をしたりして、早いときには午後２時、遅くとも３時ごろには退社できるようになりました。翌日のテーマや情報は帰ってからメールでやりとりして、調べものも自宅で。それが、私のテレワークという感じです。

家に戻って食事をして、翌日のオンエアで扱うであろうニュースを気にしつつ、資料や本やビデオを観て、お風呂に入り、夜10時までにはベッドに入ります。できれば7、８時間は寝たいのですが、なかなかそうもいかず、翌朝は午前４時に起きて、また１日が始まります。

これが、私の日常。規則正しく生活することが、やはり番組を続けるうえで大切なことだと考えます。

いつも同じ機嫌で、同じような表情でテレビに映る。それが、毎日放送される帯番組の司会者としてよいのではないかと思っています。

いろいろなことが起こった20年の暮れ、その年の最終放送の回で、私は拙《つたな》い川柳を披露しようとしていました。

〈日常が 奇跡と知った 令和2年〉

健康に過ごせて、人と会って、話して、笑い合えることが、いかにありがたいかを実感した1年。生放送のバタバタで結局言えませんでしたが、その思いは、いまも続いています。

第2章

失敗だらけのアナウンサー修業

スポーツ好きな末っ子

こんなに長く続けることになるとは思いもしなかった、アナウンサーという仕事。そもそも私は、ずっとアナウンサーを目指してきたという人間ではありませんでした。そんな自分が「なぜ、いまここに？」という思いではあるのですが、ここまでの歩みを、少し振り返ってみたいと思います。

私は１９７０年5月に、広島市で生まれました。父は医師で、母は専業主婦。姉、兄、私の３人きょうだいの末っ子です。

父は勤務医でしたが、私が5歳のときに内科医院を開業しました。母は３人の子育てに加えて、医院の事務を受け持ったり、看護師さんたちのお昼ごはんを作ったりしていました。

両親がとても忙しくしていましたし、末っ子だったということもあって、私は誰からも干渉されることなく、のびのびと子ども時代を過ごしました。

きょうだいと仲がよく、4歳違いの姉とはテレビでアイドルを観て盛り上がったり、一緒に買い物に行って洋服を見たり。一人ひとりにベッドを買ってもらっても、狭いシングルベッドに一緒に寝たりしていました。

3歳違いの兄の野球マンガなどは、私もほとんど全部読んでいました。また、兄が野球選手のピッチングフォームやバッティングフォームを真似て、私が「それは○○投手!」「△△選手!」と答えるクイズを延々とやったりして、妹であり弟でもありという感じで、かわいがってもらったものです。

父は寡黙な人で、とにかく本を読むことが好きです。

週末には家族でデパートに行くのが定番だったのですが、父は本売り場に直行して、1時間でも2時間でもそこにいて、本を選んでいました。物理、化学、数学、医学といった理系の洋書から小説、万葉集のような古典まで、実家には膨大な蔵書があります。子どものころは、よくきょうだい3人で「あの難しい本を、いったい誰が読み継げばいいんだろう」と話していました。

さまざまなジャンルの本をたくさん読んできたせいか、父は何事に対しても、独自の見解や自分なりの言葉を持っています。そのため、いまでも私は番組で取り上げるニュースについて電話で意見を求めることがあるのですが、父は控えめに話してくれます。博識をひけらかすことは、まったくありません。

父の話はなるほどと思うことばかりで勉強になるし、いつももっと聞きたくなります。そして、私も自分なりに教養を身につけなければということも痛感します。

美術館も好きで、一緒に行くと説明書きを丹念に読みながらゆっくりと観るので、母と私はお茶をしながら待つというのもしょっちゅう。

植物にも興味があり、以前は私が帰省したときや両親が上京してきたとき、旅先などでもよく一緒に散歩していました。木や花や草の名前を教えてもらいながらゆっくり歩く時間は、うれしいひとときです。


母は、エレガンスのある人です。

体が細く、丈夫なほうではないのですが、3人の子どもを育て、家事や医院の事務を一手に引き受け、一切愚痴を言わない芯の強さがあります。

昔は父がよく往診をしていて、患者さんが動けないから急遽来てほしいという訴えがあると、そのご家族が運転する車に乗って診療時間外に出かけたりしていました。

あるとき、初診で行き先をよく知らないまま出かけて行った父が、なかなか戻らなかったことがありました。当時は携帯電話もなかったので、母が「どこかに連れ去られたのではないか。私が往診先の電話番号を聞いておけばよかった……」と、とても不安そうに待っていたのを覚えています。

母は、自分の母親を小学生のときに亡くしています。頼れる人が少ない中、20代で3人の子どもを産み、子育てや3度の食事作りを行うのは、とても大変だったと思います。

それなのに、髪を振り乱して大変そうにしていた記憶は、まったくありません。むしろ、いつも落ち着いていて、おっとりとした雰囲気でした。だから、母の忙しさがまったくわかっていませんでした。

姉は高校時代から自分で弁当を作り、母の負担を軽くしようとしていましたが、私は手伝いもせず、頼りきっていました。いまごろになって申し訳なく思いますし、改めてすごいなと思います。昔もいまも、いつもさりげなく家族をサポートしてくれています。

また、母は電話で話していると、ときどきポロッと鋭いことを言います。姉によると「歳を取ると、世の中がよく見えるようになる」と言っていたそうです。でも、勘のいい母には、昔から見えていたんじゃないのかなと思ったりします。

父も母も、人を悪く言ったりするところがなく、いつも穏やかで謙虚。

そして、薬剤師となり、いまは専業主婦の姉は、手作りの惣菜や自分が着なくなった服で私が好きそうなものを送ってくれたりしています。内科医の兄は、健康相談に乗ってくれたり、新型コロナウイルス感染症の最新の見解をレクチャーしてくれたりします。

皆の共通の話題は、広島カープ。兄は解説者になれるのではないかというくらい詳しいです。

私はつくづく、両親ときょうだいに恵まれました。

入学した小学校は、国立広島大学附属小学校。運動に力を入れている学校で、5、6年生のときには瀬戸内海の島で5泊6日の臨海学校があり、最終日前日には海で2キロメートルの遠泳をするのが恒例でした。

そんな経験もあったせいか、私は子どものころからスポーツが好きでした。いまからすると信じられないのですが、足が速く、小学1年生から高校3年生まで運動会のリレー選手。小学5年生のときは、広島県出身で日本人初のオリンピック金メダリスト（三段跳び）織田幹雄《おだみきお》氏の栄誉を称えて創設された織田幹雄杯で、6年生の中にひとり混じって「4×100メートルリレー」で大会新記録を作りました。

附属中学校では、バレーボール部に入りました。兄がバレーボール部でしたし、当時は日本女子代表選手に江上《えがみ》（現・丸山）由美《ゆみ》さん、三屋裕子《みつやゆうこ》さん、中田久美《なかだくみ》さんらが活躍していた女子バレーの黄金時代。試合がゴールデンタイムにテレビで放送されるなど、とても人気があったのです。バレーボール専門誌も毎月読んでいました。

アタッカーに憧れていたのですが、顧問の先生にすすめられたポジションはセッターでした。最初は「えーっ」と思いましたが、「セッターは奥深くて面白いんだぞ」と言われ、やり始めたら、だんだんそのことがわかってきました。

先生から教わったセッターの役割は、皆を乗せていくこと。アタックを決めたら「ありがとう！　決めてくれて」と盛り立て、ミスをしたら「ゴメン！　私のトスが悪かった」と謝って、落ち込ませないようにすることだと言われました。

じつはこれ、いまやっているMC、そしてアナウンサーの仕事にもすごく通じるところがあります。

番組におけるMCは、縁の下の力持ち。アタッカーはコメンテーターやゲストであり、私の役割はその人が話しやすいように会話のトスを上げることです。その日のみなさんの様子を見極めてアタッカーを選び、ときには自分でもフェイントをかけてみたりするなど、チームとゲームをコントロールし、盛り立てていく役割なのです。

部活での経験が、まさか大人になって役立つとは思ってもみませんでしたが、いまでも放送中、ＭＣはセッターそのものだと実感する瞬間があります。

なんとなく、東京の大学へ

附属中学・高校では、バレーボール部の仲間たちとガールズバンドを結成して音楽に夢中になりました。

80年代、レベッカやプリンセス・プリンセスといったバンドブーム全盛のころです。私たちもその音楽をコピーし、文化祭やコンテストに出たりして、青春を謳歌していました。我が校は体育祭も大変盛んだったので、毎日が完全燃焼。いろいろなことを一所懸命にやっていました。

姉が関西、兄が九州の大学に進んでいたので、漠然と私も実家を出て進学するんだろうと思っていました。東京の大学を受験することに決めたのは、とくに強く希望したわけではありませんが、母もひとりくらいは東京にと思っていたようです。

慶應義塾大学法学部法律学科に入学し、大学時代は自由が丘にある、女子学生だけが入る学生会館で暮らすことになりました。

そこには、慶應以外にもいろいろな学校に通う学生がいて、全国津々浦々からやってきた人たちと一緒に試験勉強をしたり、ごはんを作ったり、部屋を行き来して夜通しおしゃべりしたり……本当に楽しい日々でした。門限は午後10時半で、その時間が近づくと自由が丘の駅からダッシュして玄関に飛び込んだのも、懐かしい思い出です。

通常、2年くらいで学生会館を出てひとり暮らしを始める人が多いのですが、私は居心地がよくて、結局ここで4年間を過ごしました。

大学では、星の数ほどあるテニスサークルのひとつに入りました。

そういえば、上京してすぐのころ、ラケットを持って渋谷のスクランブル交差点を渡っていたとき、客引きのお兄さんに「あんた、地方から出てきたでしょ」と言われたことがありました。

自分では完璧に東京の女子大生になりきれているつもりだったので、「なんでわかるの?」と思いましたが、やっぱりどこか垢抜《あか》けていなかったんでしょうね。その一瞬は落ち込みましたが、しばらくするとそんなことも気にならなくなり、大学にテニスにアルバイトに習いごとにと、濃密な毎日を過ごしていました。

「アナウンサーになりたい」テストに落ちて、やっと実感

そうしているうちに、就職活動の時期がやってきました。

最初にも述べましたが、私はこの時点までまったくアナウンサー志望ではありませんでした。世の中にどんな職業や会社があるのかもよく知らないまま、周囲の皆と同じようにOG訪問を始めて、金融、商社、メーカー、運輸関係……とぼんやり考えていた程度。テレビ局も、その中のひとつでした。

周囲でテレビ局に就職した人がいなかったので、どの局がいつ試験をするのかまったく知りません。が、就職活動全般の情報収集、そして、しゃべりの勉強をしておけば業種問わず面接に役立つと考えて、アナウンサースクールの短期コースを受講することにしました。

当然ですが、そこには本気でアナウンサーを目指している人たちが集っていて、「何月何日にどこの局の一次試験がある」といった情報が飛び交っていました。

その年、たまたまキー局で最初に行われたのが、テレビ朝日の入社試験。私は、記念受験のつもりで門を叩きました。

たいした準備もしていなかったのに、幸運なことに一次、二次と順調に試験に受かりました。

いまでいうエントリーシートに「特技」という欄があり、これといった特技がないので持っていた英検のことを書いていたら、いきなり英語で質問され、しどろもどろになったこともあります。面接官に「英会話、たいしたことないね」と言われて、ただ笑うしかなく、「ああ、これで終わりだな」と思いましたが、なぜかその面接も突破しました。

第2章

入社後、面接官だった方と会ったときに、『『英会話、たいしたことないね』とこちらが突っ込んだときに、『ほんとにそうですね』と明るくサバサバと答えた素直さがよかった』と言われました。どうせダメなら華々しく散ろうと、猫を被らずにやったのが幸いしたようです。

試験を重ねるうちに知り合ったのが、のちに同期で入社することになる丸川珠代《まるかわたまよ》

（現在、参議院議員。同期のよしみで、敬称略で呼ばせてもらいます）でした。

大学時代からリポーターの仕事を経験していて、美人で頭がよく、向上心があり、アナウンサーになるために着実に準備を重ねてきた人。ぼーっとしていた私と比べて二歩も三歩も先を行っていて、当時はただただ「すごいなあ」と見上げる存在でした。

カメラテストは、いままで見たことがない景色でした。そして、一人にかける試験時間も格段に長くなりました。

最初に自己紹介をして、次は用意されたニュース原稿を読み、映像に即興で音声をつける試験へと進みます。私のときは、たしか長野県諏訪地方の御柱祭《おんばしらまつり》の映像が流れて、その実況をするような試験だったと思います。

何か言葉にしなくてはと思うものの、すぐに出てこなくて、「すごいですね」「これ

では人が死んでしまうのではないでしょうか」などと、支離滅裂なことをしゃべってしまったように記憶しています。

はじめて入った天井の高いスタジオ、吊り下がる照明。大きなカメラを前にして緊張しましたが、高揚感もあって、そのときはじめて「こういうところで仕事ができたら、楽しいだろうな」という気持ちがわきました。

しかし、そのテストを通過することはできませんでした。

連絡を取り合うようになっていた丸川がその夜、内定したと電話をくれました。「おめでとう」と言ったと同時に「いいなあ〜！」という言葉が思わず漏れました。

そのとき、丸川が「大下、一緒にアナウンサーになろうよ」と言ったのです。ハッとしました。

そうか。私、アナウンサーになろうとしていたんだ。

記念受験でいつ散ってもいいと思っていたので、試験が進んでいても、どこかアナウンサーを「現実の職業」とすることを、考えているようで考えていなかったのです。

何度もテレビ朝日に足を運び、試験が進んでいく非日常感だけで満足していました。落ちてはじめて、自分はアナウンサーになりたかったのだと気づいた私。本当に、幼稚ですよね。でも、時すでに遅し、です。

ところが、その年は幸いもう一度幅広く希望者を募る試験が行われました。そこへ私も応募し、再びのカメラテストを受け、今度は通過し、役員面接まで進みました。そこで、「うちがダメでも、ほかがありますよね」という、ちょっと意地悪な質問をされたのです。

これまでの自分なら、シュンとなっていたでしょう。でも、私は「いえ、ここで働きたいです」と、はっきり告げることができました。前回のフワフワした自分とは違う、強くなったアナウンサーへの思いを、後悔なく伝えたいと思ったのです。その方は、少しうなずいたように見えました。

帰り道は、言いたいことが言えたので「これでダメならあきらめられる」と、すがすがしい気持ちでした。そして結果、なんとか拾ってもらうことができました。

あとで聞いた話では、その年に応募した女子学生は２０００人ほどいたそうです。その年のテレビ朝日は、エントリーシートで落とすことはせず、一次試験では全員に会ってくれたことも幸いしたと思います。

ほかの局にもエントリーしていましたが、私はすべて一次試験で落ちました。中には、書類すら通らなかった局もあります。やっぱり、これもご縁があったということなのでしょう。

新人時代――ジャージで、赤坂の空に叫ぶ

そうして93年、私はテレビ朝日にアナウンサーとして入社しました。丸川、そして坪井《つぼい》直樹《なおき》、角澤《かくざわ》照治《てるじ》のふたりの男性アナウンサーが同期でした。

新人研修は4月からのまる3か月、朝から晩まで行われました。

朝はトレーニングウエアで集合し、腹式呼吸のための腹筋運動からスタート。研修講師である当時のアナウンス部長は、バラエティ番組で見るような、上下赤に白のラインが入ったトレーニングウエアで仁王立ち。

当時社屋のあった赤坂のアークヒルズの緑の中で、劇団員の特訓のように4人は「ア、エ、イ、ウ、エ、オ、ア、オ」という発声練習から始めました。

私たちは必死でしたが、外回りの他社の営業マンらしき人たちが休憩中の長椅子から見ていて、「おー、新人アナウンサー、頑張れよ」と笑いながら声をかけてくれたりする、傍目にはいたってのどかな雰囲気でした。

アナウンサーを目指していたわけではなかった私ですから、この時点では何の技術も持っていません。

大学でも試験直前に泥縄式に詰め込んで乗り切る感じで、将来の目標に向かって着実に勉強を積み重ねているいまの大学生の方々と比べると、のんびり。アナウンサーとしてという以前に、敬語の使い方や目上の人との接し方、電話の取り方ひとつとっても、私にとっては社会人として学ぶことばかりでした。

まずショックだったのは、自分のイントネーションが、とにかくズレているということでした。

東京で４年間大学生活を送っているうちに、私は広島弁が完全に矯正されたと思い込んでいました。しかし、いざアナウンス研修が始まり、１分間のフリートークをしてみなさいと言われて話すと、その間だけで20箇所くらいイントネーションが間違っていると指摘されたのです。

研修講師である上司からは、「このままではあなたはアナウンサーとして商品にならない」と言われました。落ち込み1パーセント、たしかにそうだなと思う気持ち99パーセントでしたので、それからはどんな場面でも、アナウンサーの発音のバイブルであるアクセント辞典が手放せなくなりました。

マンガ『キャプテン翼』（高橋陽一、集英社）でいえば、「ボールは友達」状態で、肌身離さず持ち歩き、原稿を読む前には不安な言葉は必ずすべて確認。アクセントの間違いがこわくて、いっときは人と話せなくなるほどでした。他人の些細《ささい》な会話にも、「そうか、こういうときはこの発音が正しいんだ」と、いちいち耳をそばだてていました。

そのころよくやっていたことに、新聞の音読があります。

新聞には最初に見出しがあり、それに続いてちょっとしたヘッドラインのような文章があって、そのニュースの5W1H――いつ（When）・どこで（Where）・誰が（Who）・何が（What）・なぜ（Why）・どのように（How）がだいたいまとまっています。それを「1面から社会面まで音読するように」と、研修講師である上司に言われていました。

たしかに、音読は読みの練習になるだけではなく結構な分量になるので、声の体力もつきます。そのうえ、世の中でいま起こっていることが何なのかが、コンパクトに頭に入るのです。これは、アナウンサーとして日々ニュースを伝えるうえでとても効率のいい方法だったので、研修終了後も、ニュースによってはいまも続けています。

３か月の研修が終わると、７月からは先輩アナウンサーの定時ニュースやスポーツ取材、イベントの司会を見学しながら、仕事の進め方を具体的に学びます。そうして、10月の改編（番組編成の変更や出演者の人事異動などを行うこと）ではじめての番組につくというのが、当時の運びでした。

丸川は平日の昼に放送されていた報道番組「ザ・ニュースキャスター」（93年4月～94年9月放送）のリポーターに、坪井は夜の「ニュースステーション（現・報道ステーション）」（85年10月～04年3月放送）のスポーツコーナーに、それぞれ抜擢されました。

が、角澤と私にはその時点では担当番組がつきませんでした。ふたりで「私たち、頑張らないとね」と、励まし合ったのを覚えています。

しかし、いまでは、それでよかったと思えます。実力の伴わない自分が大きな番組に出て、一度でもダメという烙印《らくいん》を押されたら、それをリカバーするには社内的にも、また自分としても長い年月がかかり、大変だったでしょうから。

そんな状況だったので、新人時代の最初はとても暇でした。ナレーションを録るアナウンスブースで練習するほかは、電話当番やお茶汲みのような雑務をこなしました。不満とも思わず、そういうものなのだと思っていました。

アナウンサーとしての最初の仕事は、おそらくニュースの提供読み（提供するスポンサーの名前を読むこと）だったと思います。

顔が出た最初の仕事は、たぶん番組宣伝。「さて、今夜の『暴れん坊将軍』は……」というような番組の見どころを、15秒バージョンと30秒バージョン、一度に30本くらい録る仕事です。

そこから、試写会などのイベントの司会、アマチュアスポーツ中継のリポーターなど、徐々に割り振られる仕事が増えていきました。

いまは地上波だけではなく、BSやネット番組など放送の数が増え、またそれぞれの番組のSNS発信などもあるので、アナウンサーは皆、とても忙しくしています。

しかし当時は、先輩たちでもそれほどではありませんでした。アナウンス室のソファーには、いつも誰かがいて、全局の番組が流れているズラリと並んだテレビ画面を眺めつつお菓子をつまんだり、談笑したり。そして、時間が来ればそれぞれの番組のスタジオに行き、終わればまた集まって飲みに行ったりするという、いまから思えば、おおらかでアットホームな職場でした。

スポーツの楽しさに目覚めた98年

1年目の秋冬にはじめてレギュラーで担当したのは、退職した先輩から引き継ぐ形での、局の広報番組の司会でした。そして2年目の4月からは、「JリーグＡＧＯ!ＧＯ!」（93年4月〜96年9月放送）というスポーツ番組を受け持つことになりました。

私が入社した93年は、Jリーグが開幕した年。大変な盛り上がりの中で始まった番組にリポーターとして加わり、さまざまな試合やチームの取材に行きました。

もともとスポーツが好きだったので、スポーツ番組に関わるのはうれしく、心ときめくこと。その思いが伝わったのか、続けていくつかの番組のスポーツコーナーを担当することになりました。

「JリーグＡ ＧＯ！ＧＯ！」でご一緒したサッカー解説者のセルジオ越後《えちご》さんには、サッカーの面白さを一から教えていただきました。私のサッカーの師匠とも呼べるセルジオさんはじめ、サッカーを通じて仲よくなったメンバーで国内はもちろん、一緒に海外の試合を観に行ったこともあります。食事会など、交流はいまも続いています。

そして98年は、日本で開催された長野冬季オリンピックで約1か月間現地に滞在し、取材するという経験をしました。

スポーツ好きにとって、オリンピックに関わることは本当に光栄なこと。ラージヒル団体で金メダルを獲得した岡部孝信《おかべたかのぶ》、斉藤浩哉《さいとうひろや》、原田雅彦《はらだまさひこ》、船木和喜《ふなきかずよし》選手ら日の丸飛行隊の活躍を白馬から生中継するなど、夢のような日々を過ごしました。

リポートの面白さに目覚めたのも、このときでした。

たとえば、原田選手がジャンプを1本飛び終えて再びジャンプ台へ向かうとき。テレビでは背中しか映りませんが、そのときの表情を反対側から見つめてリポートに盛り込むなど、より臨場感が伝わるよう、さまざまな工夫をしました。

同じく98年には、日本チームがはじめて出場したサッカーワールドカップがフランスで開催されました。

日本の初戦、アルゼンチン戦をどうしても取材したくて、当時始まったばかりの「GET SPORTS」（98年4月〜放送中）のプロデューサーに企画書を出して、「試合の行われるトゥールーズに行かせてください！」と直訴しました。

普段はのんびりしていますが、こういうときは自然と積極的になるものだと、自己再発見でした。夢が叶って、セルジオ越後さんと試合のあと、夕暮れのスタジアムをバックに現地から生中継を行ったことは忘れられません。

それですっかり海外でサッカーを観る楽しさに取り憑《つ》かれ、7月の決勝戦はあの手この手でチケットを入手し、休みを取って2泊4日でパリに行きました。

決勝戦は開催国のフランスが勝利。熱狂にわくシャンゼリゼ通りでもみくちゃにされながら、急遽《きゅうきょ》公衆電話からリポートしたのも、いい思い出です。

歴史的瞬間を取材し、言葉にして伝える。

アナウンサー冥利に尽きる仕事が続き、やっぱり私はスポーツが好きだ。これからスポーツで頑張っていこう——。

そう決意を新たにした矢先、10月の改編で「ワイド!スクランブル」を担当してもらうと、部長から告げられたのです。

まさか、私がワイドショーを?

「それは決定ですか? それとも相談ですか?」

内示を受けたとき、私は生意気にもそんなことを口走ったと記憶しています。

決定だと告げた部長に「私はスポーツでやっていきたいんです」と主張し、さらに上席の局長のところにまで直訴に行くなんて、当時28歳だった私はずいぶん向こう見ずだったと思います。

長野冬季オリンピックのリポートがとてもよかったから、ああいう感じでのびのびとやってほしい——局長から返ってきたのは、そんな言葉でした。

ありがたいことでしたが、スポーツの現場から離れる不安もありました。そんなとき、相談した友人に「ワイドショーって、いろんなテーマを扱うんでしょ。だったら、スポーツもそこに入るんじゃない？」と言われました。単純な私は、それもそうだと思い、受け入れることにしました。

98年10月からの「ワイド！スクランブル」では、メインＭＣに俳優の大和田獏《おおわだばく》さんが就任されました。私は、そのアシスタントです。

忘れもしない最初の放送日に、大変なことが起こりました。和歌山県の住宅地で行われた夏祭りで、ヒ素の入ったカレーで67人が中毒症状を起こし、うち４人の方が亡くなった、和歌山毒物カレー事件の容疑者が逮捕されたというニュースが飛び込んできたのです。

前日に行ったシミュレーションでは「今日からよろしくお願いいたします」と笑顔で挨拶する練習をしていたのが、いきなりの全面差し替え。挨拶もそこそこに、ニュースを始めなければなりませんでした。

有事の中、大あわてでの船出になりましたが、そのとき、コメンテーターとして出演されていた芸能リポーターの東海林《しょうじ》のり子さんが「獏ちゃん、この番組は化けるような気がするわ」とおっしゃったのを覚えています。

人命のかかった事件ですので軽々しいことは言えませんが、生放送の番組のリニューアル時にこうした大きな出来事が重なったことには、やはり何か運命的なものを感じました。

それからまさか23年間も同じ番組を担当することになるとは、このときは夢にも思いませんでした。

09年まで大和田獏さん、そのあとを引き継いだ先輩の寺崎貴司《てらさきたかし》アナウンサー、14年からは橋本大二郎《はしもとだいじろう》さんと、3代のメインMCのアシスタントとして、最初の3年、5年はとにかく無我夢中。慣れない私はアシスタントとして、「次はこのニュースです」とVTRを振るくらいのことしかできていなかったと思います。

その間、ワイドショーの内容も大きく変化しました。

ワイドショーが取り上げるテーマというと、以前は社会的に話題になった事件や芸能ニュースが多く、私が「ワイド！スクランブル」に加わった98年は、剣劇で知られた俳優・浅香光代《あさかみつよ》さんとプロ野球監督（当時）・野村克也《のむらかつや》氏の妻の野村沙知代《さちよ》さんとの対立、いわゆる「ミッチー・サッチー騒動」が大きく取り上げられていました。いまから考えると信じられないのですが、その話題は、その後3年にわたってお茶の間を席巻していました。

が、2000年以降、風向きが大きく変化します。

01年、小泉純一郎氏が内閣総理大臣となって以降の「小泉フィーバー」、あるいは「小泉劇場」の影響で、選挙報道が異様な盛り上がりを見せるようになりました。それまで政治と縁遠かったワイドショーでも、政治・政局関連のテーマを取り上げる回数がグッと増加したのです。

02年には北朝鮮拉致被害者の方々が帰国したことで、東アジア情勢などの国際問題にも関心が集まりました。

さらには、社会保険庁の年金記録管理の不備が指摘された「消えた年金」問題、麻生内閣から鳩山連立内閣への政権交代など、暮らしに身近な政治・社会のテーマが次々と取り上げられるように。「ワイド!スクランブル」にも政治家がゲストとして登場したり、政治評論家がコメンテーターとして参加するのが当たり前になりました。

ワイドショーは報道情報番組として、新たな段階を迎えることになったのです。

人の心に寄り添う報道を

近年、ワイドショーのもうひとつの大きなテーマとなっているのが災害報道です。「ワイド！スクランブル」が始まった96年以降、11年の東日本大震災をはじめとして熊本地震、西日本豪雨、九州豪雨など、各地で災害が多発し、その被害の様子をお伝えしなければならないことが増えてきました。

災害とその被害を扱うたびに思い出す、ごく個人的な体験があります。

入社3年目の年末、私が当時住んでいたアパートの隣にあった建物が、放火被害に遭ったのです。

出火当時、私はお風呂に入っていたのですが、向かいの方が「火事だ！」と叫んでくださり、あわてて手近にある服を着て飛び出しました。髪も身体も濡れたまま震えていたら、近所の方がマフラーをぐるぐる巻いてくれました。

何ひとつ持ち出せないまま避難し、落ち着いたころにアパートに戻りました。風向きの関係で延焼被害は私の部屋が最も大きく、はじめてのボーナスで買ったバッグも、お気に入りの服も、靴も、思い出の写真も何もかもが、全部焼けてしまいました。

当初は、「命が助かってよかった。ケガをしなくてよかった。お向かいさんのおかげだ」と感謝し、ホッとしていました。ですが、後片づけや次に住む家を探すうちに疲労が蓄積したせいか、日を追うごとに怒りや不安がこみ上げてきました。

「なぜ私がこんな目に遭わないといけないのか」「これからどうすればいいのか」。大あわてで次に住む部屋を決めたのですが、家具もなく、下着１枚から買い直さなくてはなりません。

クリスマスイブに、ようやく新しい部屋に入りました。

火事の翌日から部屋探しなどで母が上京してくれていたのですが、私が仕事から戻ると、母はクリスマスプレゼントの下着と手紙を置いて広島に帰っていました。手紙には「これを買うとき、涙が出ました」とだけ書いてありました。それを読んだ途端、涙が止まらなくなりました。

じつはこの放火事件は、放送開始から間もないころの「ワイド！スクランブル」でも取り上げられていました。

初代MCであった歌手の水前寺清子《すいぜんじきよこ》さんが、このニュースを受け、「大下アナウンサー、寒い中、焼け出されてかわいそうに」というようなコメントを発してくださいました。いつも人の心を思いやり、歌を歌っている方ゆえに、思わず出た言葉だったのかもしれません。

それを観ていた私は、テレビの前でポロポロと涙をこぼしてしまいました。水前寺さんが、被害を受けた自分にひとときでも気持ちを寄せてくださったことが本当にうれしく、心に沁みたのです。

「ワイド！スクランブル」の一員に加わって、さまざまな災害の被害を受けた方、事故や事件に巻き込まれた方についてお伝えするたびに、あのときのつらさが何度となく蘇ります。

まだ若かった分、私には回復力もあったけれど、年齢を重ねた方々が住む家を失う気持ちはどんなだろう。大事にしてきたものが跡形もなく消えてしまう喪失感はどれほどだろうと思うと、胸が苦しくなります。

同時に、被害を受けたときに受けた温かい一言の大切さも思い出します。ですので、私も中継などで被災した方からお話をうかがう際は、心づかいを忘れないようにしています。

もちろん、その方の本当の苦しみは画面で見ている私にはわかりませんし、わかっているように振る舞うのも失礼なこと。ですが、それでも「このたびは大変でしたね。どうかお体を大切になさってください」という思いだけはお伝えしたいと思っています。

私の体験は、大災害で被害を受けた方々の体験とは比べものにはなりません。しかし、それでも被害者になった体験は、ニュースを伝える際に少しは活きているように感じますし、活かさなければならないと考えています。

あの出来事は、報道に携わる者として他者のつらさを忘れてはいけないよと、神さまが私に教えようとしたものだったのでしょうか。

着の身着のままで寒空の下に放り出されたときの気持ちを忘れることなく、人の怒りや悲しみを受け止め、寄り添う報道をしたいと思っています。

第3章

たたかわない生き方

組織の中でも自分らしく、無理なく

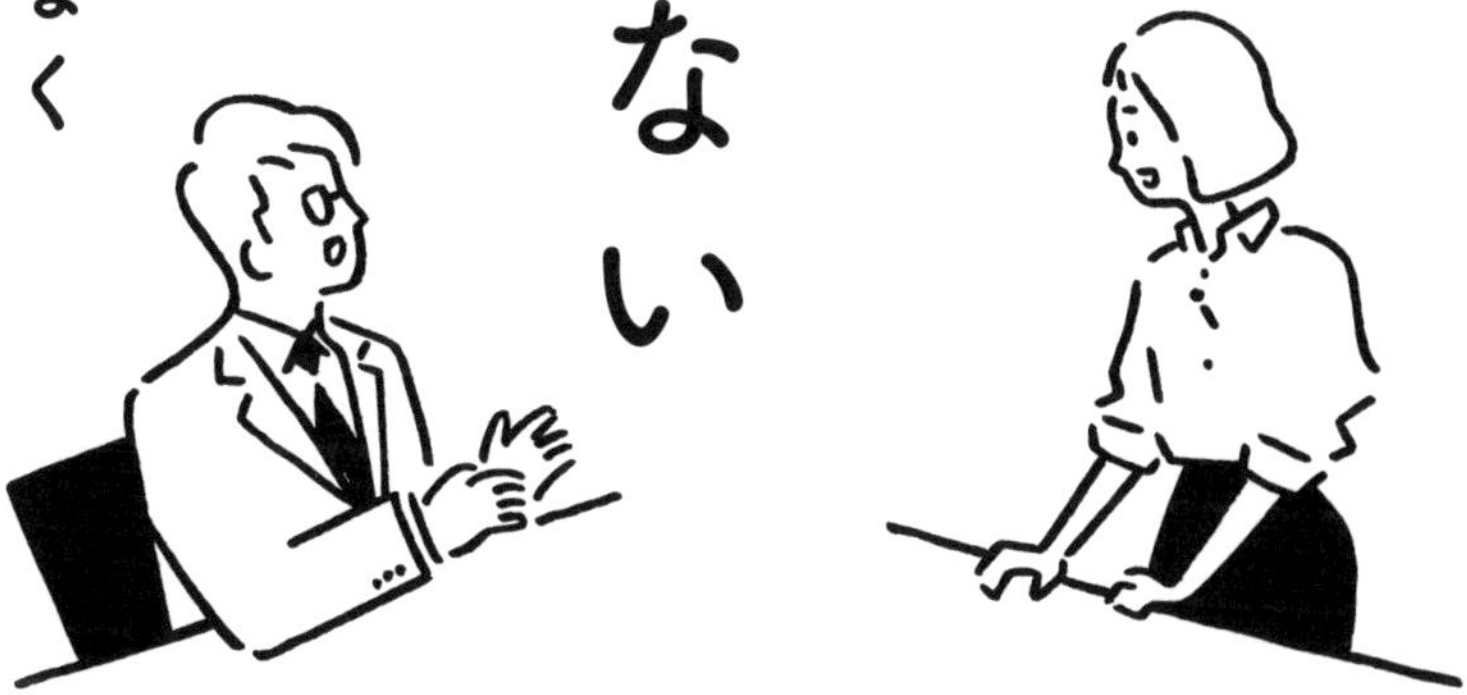

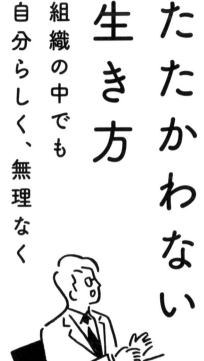

争うのは、苦手です

できるだけ淡々と、穏やかに――日々の放送でそんなことを心がけていると申しましたが、それは私自身の性格によるところも大きいのかもしれません。

はっきり言って、争いごとは苦手です。平和の街・広島の出身だからでしょうか（もちろん、広島には『仁義なき戦い』という傑作もあるのですが）。

何ごとについても戦うことを好まず、何かもめごとが起こっても自分ひとりが我慢して済むならできるだけ黙っていよう……自分に都合よく言うと、平和主義なのです。

そんな私が、テレビの現場で、会社や番組制作という組織の一員としてどんなふうにやってきたのか。思いつくままにお話ししてみようと思います。

無個性も個性のひとつ

1998年に「ワイド!スクランブル」に参加してから20年、私は大和田獏さん、寺崎貴司アナウンサー、橋本大二郎さんという3人のメインMCの隣でアシスタントを務めてきました。

自分で言うのもなんですが、私はわりと人に合わせられるほうで、どなたとでもそれなりにやっていけるタイプなのではないかと思います。何ごとにもこだわりがない分、逆になんでも受け入れられる性格なのかもしれません。

あるテーマについて、Aさんが「私はこう思う」とコメントしたとします。私はそれについていきっと「ああ、そうだな」と思うし、隣にいるBさんが「いや、こうじゃないですか」と言えば、きっと「それもそうですね」と思ってしまう。

「あまりにも自己主張がなさすぎるのではないか?」と思われるかもしれませんが、どんな意見にも一理あると思ってしまうのが、私の性分。自分としては、この考え方が、わりとしっくりきます。

30年近く仕事をしてきて思うのは、世の中の大半は真面目な善《よ》き方だということです。目の前のことをひたむきにきちんとやっていることが個性だし、立派なことだと考えています。

ですから、何がなんでも自己主張しなければというのにはなじめず、人としての常識や、守るべき最低限のマナーが備わっていれば大丈夫だと思っています。

「君たちは、みなさまの電波をお預かりして仕事をするんだ。だから、私物化してはいけない。アナウンサーが、画面で私的なことを披露するべきではない」

これは新人時代、当時のアナウンス部長が研修で話していたことです。いまでは古い考えと言われるかもしれませんが、仕事を始めた当初に受けたこの言葉を、私はいまもずっと忘れられずにいます。

そもそも、テレビにはどうしたってその人のありのままが映ってしまいますから、取り繕っても仕方がありません。個性は出すものではなく、にじみ出るものだと思っています。

あるとき、母の友人が「容子ちゃんはこだわりがないから、アナウンサーに向いているわね」と話したことがあったそうです。

たしかに、人の話を聞いて伝えるアナウンサーや、メインの方を引き立たせながら進行を担うアシスタントMCは、主義主張が強すぎる人には、ややつらい仕事かもしれません。私が長年やってくることができたのは、おそらくそれが少ない人間だったからでしょう。

でも、それはそれでひとつの個性。究極の目標として、私は水のような人間でありたいと思っています。

水は、どんな花瓶にもピタッと入りますよね。クネクネと曲がった個性的な花瓶にも、スッキリとした筒のような花瓶にも、水は変幻自在に姿を変え、その中に収まります。

人間も同じで、自分の中にあまりこだわりがありすぎると、組織や場という器にうまく入れないような気がするのです。

日々、放送の準備でさまざまなニュースにふれるときは、「このニュースに関して、自分はこう考える」という視座を持って向き合うことは大事です。しかし、オンエアではそれはそれとして置いておき、まっさらな気持ちで向き合いたい。水のように透明で、サラリと花瓶に収まり、そこに出演者という「花」を立てたい。

花が水を吸って開き、花瓶の中できれいに見える――そのために存在するのがMCであり、アナウンサーの役割だと思っています。

しかし、いまはアナウンサーも個性をどんどん発揮しようという空気になりました。以前は組織人としてSNSはどうなのか、というムードだったのが、いまはそれぞれのアナウンサーがインスタグラムのアカウントを持って自発的に発信することが推奨されるようになりました。アナウンサー本人の素の部分を見せることが、新たな視聴者の獲得につながるということのようです。

私はパソコンもスマートフォンも最小限しか使わず、個人で発信するものはいまもやっていないのですが（別にお見せできるようなネタもないし、見たいと思う人がいるとも思えないし……）、時代は変わったなあとつくづく感じます。

でも、ニュース番組の主役はやっぱりニュース。料理だって、肉や魚や野菜、素材がよければ、料理人は最小限の調味料を使って新鮮なうちにお出しするのが、たぶんいちばんおいしいはず！　と信じて、これからもなるべく無駄な言葉は削ぎ落とし、すっきりとしたシンプルなMCでありたいと思います。

同期の坪井直樹アナウンサーに、「それが大下の美学だね」と言われたことがあります。美学……というほどのものではありませんが、信条ではあるのかもしれません。

「慣れない」努力も必要

長く組織の中にいたり、ひとつの仕事を長く続けたりしていると、何かと苦労するのはやっぱり人間関係。仕事のストレスのほとんどはそこに起因するのではないかと思われるほどで、人間関係にまったく悩みがないという人はいないと思います。

「ワイド！スクランブル」という番組を長く続けていく中で、私が最も気をつけていることは、関係に「慣れない」ということです。

もちろん、私を含めて出演者、スタッフは、いい番組をお届けするために日々、協力して取り組んでいます。でも、長い時間、年月を重ねていくと、どうしても慣れが出てけじめがなくなったり、節度をわきまえられなくなったり……。

もちろん、ファミリーのような雰囲気で進めることもひとつのスタイルです。そんな空気が好きだという方も、またそういう雰囲気を楽しんで見てくださる方もいらっしゃると思います。しかし、一方でそれを冷めた目で見ている人も、おそらくいるように思うのです。

私は、出演者とは一定の距離を保ちたいと思っています。

この人とは仲がよくてこの人にはそっけない、というのは、やはりMCとしてフェアではない。視聴者としては、そういう節度のあるMCのほうが安心ですし、信頼できるのではないでしょうか。

ですから私も、なるべく慣れ合わないようにしたい。お互いに思いやりを持って接するのは当然のこととして、私としてはちょっと堅めにやること、必要以上になれなれしいおつきあいをしないことを心がけています。

「ワイド！スクランブル」を始めてからしばらくして、私はもうひとつ生放送の情報番組を担当することになりました。

それが、２００１年10月にスタートした「SmaSTATION!!《スマステーション》」です。

メインMCは、当時の国民的アイドルグループ・SMAPのメンバー香取慎吾《かとりしんご》さん。私は02年1月から参加し、17年の9月に終了するまでの16年間、アシスタントMCを務めました。

月曜から金曜までは昼の「ワイド！スクランブル」に出演し、土曜の夜は「SmaSTATION!!」を担当していたので、当時は週6日、生放送の番組を受け持っていたことになります。

16年間ご一緒した香取さんは、もちろんスーパースターでしたが、仕事相手として心から信頼できる方で、毎週楽しく放送をご一緒しました。それでも呼び合うときは、「香取さん」「大下さん」で、「慎吾くん」「慎吾ちゃん」という呼び方はしませんでした。

呼び方で親しみを表現する方法もあり、それこそMCによって十人十色なのですが、私はあえて節度を保つやり方を通してきました。

「ワイド！スクランブル」においても、長年出演していただいているコメンテーターの方も、先週から入った方も、同じように接したいと心がけています。

人生、ソーシャルディスタンス

人との距離を保つこと――コロナ禍になって、ソーシャルディスタンス（社会的距離）の重要性が叫ばれるようになる以前から、私にはこのようなところがあったのだと、いまになって気づきました。

もともと人づきあいは得意ではないですし、大勢の飲み会とか、パーティーといった場も苦手。たまに出ると、家に帰るころにはヘトヘトになってしまいます。

こうした仕事をしているのだから、もっといろいろな人に会って見聞を広めなければならないと言われてきましたし、自分でもそうあらねばならないと思っていた部分があります。そのため、駆け出しのころは我ながら似合わない努力をして、飲み会に頑張って参加しようとしていました。

フリーランスのタレントの方々ほどシビアではありませんが、私たちアナウンサーも、声をかけていただいてはじめて仕事がいただける立場です。

そうなると、「飲み会を断って仕事がなくなったらどうしよう」「つきあいが悪いと、嫌われてしまうのではないか」というようなことも頭をよぎります。とくに、若いアナウンサーならなおさらでしょう。

もちろん、おつきあいするのが楽しくて、どんどん人脈を広げたいという人は、積極的に行けばさまざまなことが吸収できるでしょう。

でも、年齢を重ねてきた私は、最近は「もう無理をしなくてもいいかな」と思うようになりました。ですので、気の進まないときの会食や会合はお断りしています。

それがもとで疎遠になったとしても、それはそれで仕方のないこと。無理をして、疲れたまま次の日のオンエアにくたびれた顔で出ることになってしまっては、観てくださる方にも自分にも、何もいいことはないと思います。

アナウンサーとして与えられた仕事をしっかりやるだけでも、きちんと信頼は得られるもの。要は、その積み重ねだと思っています。

「よく思われたい」とすり寄る様子というのは、それを遠くから見ている人にとっては……どう映るでしょうか。

それに、プロデューサーや取引先の方々も、思った以上にシビアにこちらのことを見ているもの。どんなに愛想がよく、つきあいがよかったとしても、やはりやるべきことをきちんとできない、信頼が置けないアナウンサーには仕事を頼んでくれませんから。

そして、これはきっとアナウンサーには限らないことなのでしょう。

もし、人づきあいで悩んでいる若い方がいたなら、「つきあいが悪くても、ちゃんと仕事ができれば大丈夫だよ」と、声をかけてあげたいなと思います。

とくに若い女性は、「飲み会に参加しないと、仕事をもらえなくなるかもしれない」「かわいらしくしていないと、嫌われるのではないか」と心配しがちです。

でも、女性らしさをことさらアピールして目上の男性に媚《こ》びたりしなくても、仕事のスキルを上げて結果を出していけば、正しい信頼が得られます。そして、それは必ずあなたの財産になるんだよと、年齢を重ねた者としては思うのです。

苦手な人のムードに巻き込まれない

「大下さんの、人に巻き込まれないようにする術《すべ》、すごいですよね」

あるとき、金曜日にコメンテーターとして出演してくださっている脳科学者の中野《なかの》信子《のぶこ》さんに、そんなふうに言われたことがありました。

自分としてはまったく無意識で、意図してそうしているわけではないのですが、自然と距離を取っていることが幸いしているのかもしれません。

先にも述べた通り、誰とでもわりと合わせられるタイプなので、「こういう人は苦手」ということはあまりないのですが、それでもときどき、ちょっと困ったなという人に出会ってしまうこともあります。

たとえば、「ああ、忙しい忙しい」というムードを振りまいて、周りの空気をざわつかせる人。多忙で引っ張りだこの人ほど、逆に穏やかでニコニコしていて、こちらを気遣ってさえくださるのですが、中途半端な忙しさの人ほど、不穏なオーラを発していることが多いように感じます。

そういうときこそ、ソーシャルディスタンス！

必要最低限の接点でコミュニケーションを取ったら、あとはなるべく近づかず、自分のペースを乱されないようにします。

親しき仲にも礼儀ありというか、寄りかかりすぎないというか……。まあ、本当はもうちょっと社交的になって、その摩擦すら楽しめるようになればいいのですが、私にはそこまでのバイタリティは備わっていないようです。

いまは若いときよりも自分のことが見えてきたので、自分を疲れさせないように、守ってやる感覚でいます。

でも、そういう相手が自分の隣の席にいる、業務上どうしてもつきあわざるを得ない立場にいる……ということも、ありますよね。

価値観が合わない相手がすぐ近くにいるのは、つらいもの。相手も、自分が正しいと思っているからこそ、そういう態度に出るわけです。そうなると、関係性に変化は見込めません。結果、その人のことで頭を悩ませていればいるほど、自分のエネルギーを消耗することになってしまいます。

これはもう、考えても仕方のない状況。お互いのためだと思って、迷わず距離を取りましょう。離れることが無理ならば、心の中にアクリル板をドンと立てましょう。そして、その気持ちを吐き出すこと。私も、家で声を上げて泣いたりしたこともあります。けっこうスッキリします。

そして、そのあとには意識して自分の周囲をぐるりと見回してみましょう。そうすると、必ずどこかに話の合う人、気の合う仲間が見つかるはずです。

私も、人間関係でのモヤモヤが溜まったときには親しい友人や姉など、数少ない気の置けない相手に気持ちを聞いてもらいます。

聞かされるほうはさぞ大変だと思いますが、そこは普段からの信頼関係があればなんとかなります！　逆にその人に何かあったときに、こちらが力になればいいのです。

人に頼ってはいけない、迷惑はなるべくかけたくない……とずっと思ってきましたが、どうしても苦しいときは「助けて！」と弱い自分を出してもいいのかな、と思うようになりました。

いまは、普通に生きていてさえ悩みが尽きない時代です。

悩みごとがある方は、どうかひとりで溜め込まないでほしい。どうぞ周囲の誰かに話していただきたいのです。話すことで自分の考えが整理されたり、「ああ、向こうの意見にもここは一理あるな」など見えることも出てきたりします。ひとりで抱え込んで、貴重な生のエネルギーを消耗しないでほしいなと、切に思います。

つらい経験も「鍛えてくれてありがとう」

私はもともと自分に自信がなく、叱られたり否定されたりすると、とても気にするほうです。

アナウンサーとして最も迷走していたのが、入社して2、3年のころ。あるとき、ひとりの先輩がふと、こんなことを言ったのです。

「あなた、どうしてそんなふうになっちゃったの？」

わりと曖昧な言葉だったので、一瞬意味がわからず、戸惑いました。先輩の意図するところは、「明るく元気なことが取り柄の新人だったのに、いまではそれがすっかりなくなっちゃったね。いったい、どうしちゃったの？」ということだったのだと思います。

何気ない言葉で、とくに深刻に強い調子で言われたわけでもないのですが、その当時の自分をズバリ指摘されたなと感じ、この出来事はそれからかなり胸の中で尾を引くことになりました。

おそらく、「もっと自信を持って、元気出しなさいよ」という軽い激励のつもりであって、言ったご本人は覚えてもいないと思います。が、言われたほうの私は、その言葉で余計に萎縮してしまいました。

当時、同期のアナウンサーたちが次々と自分のフィールドを広げている中で、自分だけが何もないと、自信を失っていた心の奥底の気持ちを見透かされた言葉だったのでしょう。さらりと言われただけに、実際の言葉以上の真実味が感じられたのです。

それから、自分で自分の迷路に入ってしまいました。

でも、そこでいつまでも先輩を恨んでもどうにもなりません。もともとガツガツ進んでいくパワーが足りないのですから、悩むことにエネルギーを使うくらいだったら前を向いて、自分のアナウンスを上達させるほうに使ったほうがいい。

そう思って、当時携わっていたスポーツ番組のリポートの仕事に没頭しました。もともと好きなスポーツの仕事を一所懸命やっていくうちに、自然にトンネルから脱することができたようです。

あまり感情の起伏は大きくないほうですが、それでも日々、生きていれば、いろいろな出来事が起こります。

これも若手のころですが、あるイベントの司会の仕事をしたときに、その場に来ていた観客の男性から急に話しかけられたことがありました。

ちょっと雰囲気に怖いものを感じたので、失礼しますと言って帰ろうとしたときに、「君がいまひとつパッとしないのは、そういうところなんだよな」というような捨て台詞を言われました。これも、けっこうグサッとくる言葉で、しばらくモヤモヤしたものが心の中に残りました。

自分の苦手な人と接して不快な思いをしたとき、いやな言葉を投げかけられたときには、どんなに気にしないようにしても、やはり傷つきます。

しかしそれは、見方や考え方を変えれば「もっと頑張らなくては」というきっかけにもなるものかもしれません。皆に大事にされ、なんでもフォローしてもらえる環境だったら、もしかしたら頑張りきれなかったかもしれない。

しばらくは落ち込んでも、それをバネに仕事の質を高めればいいんですよね。何年か経ったとき、「あのことがあったから頑張れた」「メンタルが鍛えられた」と思えるようになればいいのだと、考えるようになりました。

あのときの先輩の言葉にも、観客の男性にも、いまとなっては「燃料を投下してくれてありがとう」という気持ちです。

他人と自分を比べない

仕事を始めたころ、比較される対象といえば、同期アナウンサーの丸川でした。ご存じの通り、彼女は優秀だし、向上心も高かった。何もかもが、私とは違いました。

顔立ちも、彼女はどちらかというとシュッとしたキツネ顔で、私はタヌキ顔。そこからして、タイプが違います。アナウンサーとしての志向も、彼女は最初から報道でニュースを伝えたいと言っていて、私はスポーツが好きだからその方面で頑張ろうとしているなど、方向が異なっていました。

早くから番組を担当してバリバリ仕事をしている彼女を見て、自分はとてもあんなふうにはなれないなと思っていました。が、あるとき「私は大下のようなこまやかな気配りのできるリポートはできない。すごいなと思う」と言われました。

やっぱりお互いにないものねだりをするものなのだな、と。隣の芝生の青さをうらやましがる暇があったら自分の庭を充実させよう、自分らしさを大切にしようと、そのときあらためて思いました。

そのころから、人と自分を比べて、あれこれ思いわずらうことがなくなっていきました。

幸い、と言っていいのかどうかわかりませんが、アナウンサーという仕事は、外の人の目にふれる仕事です。

以前、テレビ朝日の先輩アナウンサーで現在はフリーとして活躍されている方から「アナウンサーは、外の評価がすべてだから」と言っていただいたことがありました。

たしかに視聴者は、そのアナウンサーが置かれている立場や会社の内部事情などとは関係なく番組を見て、反応してくださいます。もっと言えば、そのアナウンサーが局アナか、フリーアナウンサーか、タレントかよりも、番組の面白さや話す技術を評価してくださるわけです。

どんな仕事でもそうだと思いますが、会社という世界での評価に一喜一憂しなくても、世の中に向かってきちんと仕事をしていれば、目に留めてくださる方は必ずいるのだと信じています。

精いっぱいやって、信頼される人になる

駆け出しのころから、生放送の番組をいくつも担当してきました。意外というか幸いなことに、私は放送中に大きな失敗をした経験が、じつはあまりないのです。

明らかなオンエアでの失敗は、2年目くらいでしょうか。

ある番組で、超高級なヴィンテージワインの紹介をして、それを試飲する場面での

こと。たしか50万円くらいするというグラスに注いでもらった赤ワインを、「残したらもったいないな」という思いで、つい飲み干してしまったのです。

そうしたら放送中、だんだんと酔いが回ってきて、顔は赤くなるわ、呂律《ろれつ》が回らなくなるわ……恥ずかしかったです。

また、これは生放送中のことではありませんが、早朝の番組を担当しているころ、夕方から社外のスタジオでナレーションを収録する仕事に、寝坊して遅刻してしまったことがありました。

早朝の放送を終えて一度帰って寝て……と思っていたら、その日に限って目覚まし時計が鳴らなかったのです。16時からの収録だったのに、起きたらすでに16時。ちょうどクリスマスの時期で、混み合う原宿を「すみません！」と人をかき分けながらスタジオに向かい、スタッフからはものすごく叱られました。

でも、本当にそのくらい。「私、失敗しないので」ではないのですが、わりと、そうなのです。親しい友人には「人生は失敗の連続だけどね」と鋭いツッコミが入りますが。

大げさなことは言えませんが、それでも社会人として、信頼できる相手になるためにできることは、いくつかあると思います。

まず、頼まれた仕事をきちんとやる。信頼構築のための基本中の基本です。新人のころ、先輩から「体調が悪くても、80パーセントのクオリティはキープしなさい」と言われたことがあります。及第点は必ず取れ、それが信用の基本だという意味だと思います。

そして、もうひとつ。頼まれたことを果たすだけではなく、それよりちょっといい仕上がりでやろうと取り組むこと。期待したよりもほんの少しいいものが出てくると、相手は「この人に頼んでよかった」「またお願いしたいな」と思ってくれるはずです。

仕事でもプライベートでも、私は早めに移動するようにしています。あわてるのが嫌なのです。家を早めに出れば、忘れ物をしても戻ってそれでも間に合います（もちろん限度はありますが）。走って地下鉄の階段を下りて、すべって転ぶよりは、一本電車を逃しても、ゆっくり現場に入りたい。そして、洗面所で身だしなみを整えて、段取りを確認して臨む。

そんなちょっとしたゆとりが、仕事の質にも影響すると思っています。

つまりは、「できる限りの準備をして最善を尽くすこと」なのでしょう。

これは相手だけではなく、自分にとってもいいことです。自分なりにやれることを精いっぱいやれば、相手とのご縁がたとえなくなったとしても、自分の中で「やるだけやったのだから仕方ない」と納得できますし、悔いが残らない。

一つひとつ、なるべく丁寧に取り組むということに尽きるのかなと思います。

困ったときには、人に頼る

「いつも落ち着いていますね」と言われることがあるのですが、はっきり言って、つねにあわてています！

次のテーマはこれで、次はどなたにお話を、あっ残り時間1分半、もうおひとり聞くか、いや、次のコーナーはたしか打ち合わせでネタが詰まっていたからここで長くなるとまずいな……などなど、生放送中の頭の中は、ずっと台風が吹き荒れている状態。とにかく一瞬一瞬をどうやりきるかに精いっぱいで、毎日が綱渡りという感じなのです。

そんな自分をなだめるための魔法の言葉などないのですが、身につけた方法といえるのは、「あわてたときは、人に頼って一呼吸おく」ことでしょうか。

たとえば、現職の大臣を番組にお招きしたとします。緊張もしますし、聞きたいことは次から次に浮かんでくるけれど、これは自分で聞いたほうがいいのか、でもコメンテーターの方も聞きたいことがあるだろうし……とあわてそうになったら、まずはコメンテーターに先に意見を求め、質問をしてもらいます。

「○○さん、いかがでしょうか？」と水を向け、その方が質問している間に自分の気持ちを立て直す……というか、全体を俯瞰《ふかん》できるように態勢を立て直します。

カリスマMCが、自分ひとりで仕切ってグイグイ進めていくスタイルも素晴らしいと思いますが、私にはとてもそんな話術はありません。それならば、周りの力を借りて、みなさんの輝きを結集して、チームワークでやっていけばいいのだと思うようになりました。

すべてを自分で抱え込んでやろうとせず、人に頼るのも、コミュニケーションのひとつ。頼られた方も、それで奮気してくれることも多いのです。

もともと、ひとりきりで完成する仕事はそんなに多くありません。いろいろな人がいろいろな視点を持ち寄るからこそ、作るものはさらに面白くなるし、自分の気づきも増え、成長していけると感じています。

目先の損得でカリカリせず、心を平安に

テレビ番組には、毎日、視聴率という通信簿が出てきます。

スタッフはやはり気になるようですが、私個人は、まったく気にならないといえば嘘になるけれど、それほど……という感じです。

もちろん、よかったらうれしいし、悪かったら残念に思いますが、視聴率はとてもつかみにくい数字だなというのが、これまでやってきての実感です。

自分の中ではすごくいい放送だったと思う回が意外と数字が悪かったり、逆に、いまひとつな放送だったと思う日がすごく数字がよかったり。

「ワイド！スクランブル」のような毎日の番組では、その日のテーマが、そのとき視聴者の方々が見たいものとフィットするかどうかが鍵なので、そうなるともう、それ

は自分の手の届かない世界です。

とすると、私にできることは数字に一喜一憂せず、面白く、質のいい番組にするために精いっぱいスタッフと力を合わせていくことだけなのです。

MCとして番組をやっていてうれしいことのひとつは、先にも申しましたが、出演している方々が輝くことです。

……と言うと、ちょっといい人っぽく聞こえるかもしれないのですが、本当です。たとえば、番組の出演者が番組をきっかけに、別の局や番組への出演機会が増えたり、多方面で活躍してくださったりすることは、私にとって大きな喜びです。

「自分は？」というと、私の役割は縁の下の力持ち。でも、結局そういうことは、巡り巡って自分のためになるとも感じています。

それを期待しながら仕事をしているわけではないのですが、いいことも悪いことも、自分のしたことは、やっぱりいつか自分の身に返ってくる。

仕事でちょっと損な役回りだなと思うときがあっても、一所懸命やればあとで何かの役に立ったり、そこで出会った人とご縁ができて、また別の場でお会いできたりするなど、自分のプラスになることもたくさんあります。

だから、なるべく目先の損得にカリカリせず、ゆったりと構えていたいなと、常日頃から思っています。

幸福のハードルを高くしない

何に対してもあまり欲がないというか、「手に入れたい！」と思ったことがありません。

結婚も出産も経験せず、住むところも食べるものも身につけるものも、ほどほどで満足。家族は、「容子はなんの欲もないけれど、あれで大丈夫なのか？」と言い合っているようです。

それを聞いても、「えー、そうなんだ。心配してくれるんだな。本人は何も気にしていないのに」と思ってしまうほど。幸せのハードルが、そんなに高くないのかもしれません。

でも、それで助かっているところもあります。期待値が高いと、「なぜうまくいかないのか」「なぜ認めてもらえないのか」「もっといいことがあってもいいはずなのに」と、自分を追い詰めてしまいがちです。

別に世を捨てているとか、人間不信だとかいうわけではなく、もともとそんなに期待していないということだと思います。若いころは、それでも自意識過剰なところがありました。でもいまは、他人は自分が思うほど、自分のことを見ているわけではないとわかります。そんなことで、楽になってきました。

人はそれぞれの生活が大変で、他人のことにまで首を突っ込んで何かするほどの余裕は、なかなか持てないものです。だからこそ、ちょっと優しくしてもらったらうれしいし、自分もできればそうしたいと思っています。

基本的には、健康で、毎日やることがあって、おいしくごはんが食べられればありがたい。そのうえで、少しずつでも毎日、自分が向上していくことで人が喜んでくれたら、それ以上に幸せなことはありません。

地に足をつけて着実にやっていくことが、結局自分には合っているのだと、この年齢になってつくづく思います。

このごろ、「諦観《ていかん》」という言葉がよく頭をよぎるようになりました。諦めるという字が入っていますが、執着から離れ、ものごとの本質を見極めるという前向きな意味と、とらえています。

番組にきちんと集中できるようにするために、余計なたたかいはせず、できたほんの少しの余力は人に使って、あとは気持ちを安定させる——。

「つくづく仕事のことばっかりだなあ」という気もしますが、まあ、私はそういう人間なのです。

第4章

人に会い、人に学ぶ

いつも、人に教わってきた

社会人になって、アナウンサーとなって、また番組ＭＣを始めてから、本当に多くの方に出会い、カメラの前や後ろ側でたくさんのことを教わってきました。

至らない私を諭してくださった方、発見の機会やヒントを与えてくださった方、また職業人として、ひとりの大人として憧れ、いまも感銘を受け続けている方々のことを、少しお話ししてみます。

大和田獏さん——まっすぐな、正義の人

１９９８年、私が「ワイド！スクランブル」に参加したのと同じタイミングで番組２代目のメインＭＣを務めることになったのが、大和田獏さんでした。

俳優として、またＮＨＫの人気クイズ番組「連想ゲーム」（76年4月〜88年3月まで出演）の回答者としてもお茶の間の人気者だった獏さん（いつもそうお呼びしているので、そう記します）にとって、ワイドショーのＭＣは初体験。

当時のプロデューサーが、「庶民的な感じがいいと思って、あなたにオファーしたんです」と言ったところ、獏さんは「僕、庶民ですから」と快く返事をされたのだそうです。

そんな獏さんは本当にまっとうな大人で、たぶん俳優以外のどんな職業に就いたとしても成功されたであろう方です。言動に浮ついたところがないうえに、「お客さま」としてではなく、スタッフの一員として番組を一緒に面白くしていこうという気《き》概《がい》のある方でした。

たとえば、番組で取り上げるテーマや伝え方について、納得のいかないことがあるときには、打ち合わせや反省会で「俺は違うと思う」と、はっきりと意見を表明されていました。

たとえ番組の顔であるメインＭＣであっても、これは簡単なことではなかったと思います。局の人間ではなく、起用されている立場の外部の方には、やはりスタッフに嫌われたくないという気持ちがあるものでしょう。そのために、意に染まないことを言われても、妥協して「わかりました」と受けてしまわれる場合も多いと思います。

しかし、獏さんはそうではなかった。必要があればスタッフのこともきちんと叱れるほど、まっすぐで正義感の強い方でした。

私にとって、いわゆる芸能界の方とウイークデーに毎日仕事をするのは、獏さんがはじめてでした。

「ワイド！スクランブル」のような情報番組では、芸能界のスキャンダルもたびたび俎上《そじょう》に上ります。ターゲットとなる方は、獏さんにとっては俳優仲間であったりするし、獏さん自身も場合によっては同じ立場になりうる側の方。ときには複雑な心境にもなられたと思いますが、それを表に出すことはありませんでした。

俳優とワイドショーのMC、両方を知るからこその言葉も印象に残っています。あるベテラン俳優が亡くなられたときに、「名脇役」という言葉が台本にありました。獏さんは「脇役も大事な役なんだ。名脇役という言い方は好きではない」とおっしゃいました。

またあるときは、「殺人犯の役はメイクを落とせば忘れられるけれど、ワイドショーで重い事件を扱うと、メイクを落としても、なかなか気持ちが晴れないね」とも。フィクションとノンフィクションの間で、闘っておられました。

獏さんは私に、いろいろな映画を勧めてくださったり、また舞台を観に連れて行ってくださったりと、芸能の世界のいろいろなことを教えてくださいました。お宅にもお招きいただいたことがあり、奥さまの岡江久美子さんとも、おつきあいをさせていただきました。

岡江さんは当時、朝の情報番組「はなまるマーケット」（TBS系列・96年9月～14年3月放送）のMCをなさっていたので、おふたりは朝と昼の「顔」。ご多忙だったと思いますが、女優としてご活躍の娘の大和田美帆《みほ》さんをとてもかわいがっておられ、とても仲のいいご一家でした。

獏さんのお兄さまで俳優の大和田伸也《しんや》さんも加わった食事会にもご一緒させていただき、二次会のカラオケで、美帆さんの美声に聞き惚れたこともありました。ですので、昨年、岡江さんの急逝の報をお伝えするのは、私にとって、とてもつらいことでした。

２００９年の９月までの11年間、月曜日から金曜日までご一緒した日々はとても充実し、かけがえのない時間でした。「真摯にあたたかく」という「ワイド！スクランブル」の土台は、獏さんが作ってくださいました。獏さんや美帆さんとまたお会いして、笑い合える日がくることを心から願っています。

橋本大二郎さん――準備を怠らない姿勢

獏さんのあとを継いで寺崎貴司アナウンサーが４年半ＭＣを務めたのち、14年の春から新たにメインＭＣに就任されたのが、橋本大二郎さんでした。

ＮＨＫの記者歴が長く、テレビ界の大先輩であり、かつ４期16年にわたって高知県知事を務められた政治家でもある。そんな大二郎さんをお迎えするときは、緊張しました。

なんといっても経験や知識が豊富ですし、私が知らない政治のリアルな世界を体験された方です。

そのうえ、大二郎さんは毎日の放送に、ご自身で前日までに収集したデータや勉強したことをびっしり記したノートをお持ちになり、さらに台本の内容やスタッフと打ち合わせたことを書き込んで、念入りに準備を重ねていました。

博識な方がこれほど準備をなさるということに、私は衝撃を受けました。

それまでも、自分なりに毎日、新聞を複数紙読むなど、その日のテーマについて勉強をしてきたつもりでしたが、大二郎さんはその何段も上をいっている。自分はまったく足りていなかったのだと、思わず身が引き締まりました。

単に知識が豊富なだけではなく、MCとしての大二郎さんは、非常に論理的にコメントされていました。私は、どちらかというと感覚的、情緒的なコメントに留まることが多かったのです。

大二郎さんの姿勢からは、気持ちに流されるのではなく、データをもとに説明するといった「理」の部分の大切さ、そのためにも勉強を欠かさないように、ということを教わったように思います。

そして、その言葉は体験した人にしか語れないことがあふれていました。

たとえば地方行政の話題になると、私はつい理想を追い求めて語りがちですが、総理大臣であった橋本龍太郎《りゅうたろう》氏を兄に持ち、自らも自治体の首長を務めた大二郎さんは、政治や自治がきれいごとで済まないことをよくご存じでした。

根回しをして、擦《す》り合わせて、着地点を探るのが現実の政治。お互いに持論を述べ合っているだけではいつまでたっても理想と現実の溝は埋まらないのだということも、学んだことのひとつです。

毎日の放送に向けて、及ばずながら準備を重ねる習慣がついたのは、いつまでも学び続ける大二郎さんの姿勢に影響を受けた部分が大きいです。

なかにし礼さん――感性と知性の巨人

私のアナウンサー人生で最も影響を受けた方が、作詩家であり作家の、なかにし礼《れい》さんです。

いまも歌い継がれる「石狩挽歌」「まつり」「わが人生に悔いなし」、直木賞を受賞した小説『長崎ぶらぶら節』（新潮文庫）など、すさまじい数のヒット曲、傑作を発表してこられた偉大な方に番組に参加していただけるものかどうか、プロデューサーはほとんどダメもとでオファーしたと言います。

しかし、なかにしさんは獏さんと私の放送をよく観てくださっていたようで、「あのコンビの番組ならいい」と引き受けてくださったのだと、あとになってから聞きました。

大作家に愚問など発しようものなら、叱られるのではないか……と緊張して放送に臨んだ私たちに、なかにしさんはいつもとても優しく、芸術、文学から政治、外交といった奥深い知識を示してくださいました。教養の塊であると同時に、やはり芸術家らしい感性のきらめきが言葉や物腰の端々に感じられました。

第一級の知性と感性をお持ちの方と14年間にわたりスタジオでご一緒できたのは、とてつもなく光栄なことでした。

そして、なかにしさんが折々に力を込めて語っておられたのが、歴史を学ぶことの重要性と平和の尊さでした。

戦中の満州国で生まれ、ご家族とともに命がけの引き揚げを体験されたなかにしさんは、「自分は一度、国に捨てられた人間だ」とおっしゃっていました。

国家と個人なら、個人が尊重されなくてはならない。どんなときでも魂は自由で、創作や表現ができることがいかにありがたいか。

自由がいかに貴重で尊いものであるかを語れるのはやはり、それがなかった時代の苦しみを知っておられる方だからなのでしょう。個人の自由を侵害するような事態が起こりそうなときには、国や政府に対しても厳しく物申す姿勢を貫いておられました。

そして、ご存じの通り、佇《たたず》まいはダンディそのもの。オペラや歌舞伎にもご一緒したことがあるのですが、不勉強な私がパンフレットにかじりついていたら「そういうものは読まなくていいから、まずは観て感じなさい」とアドバイスしてくださったことを覚えています。

番組でご一緒していた獏さんとなかにしさんがともに寅《とら》年生まれで、同じく寅年でコメンテーターを務めておられた川村晃司《かわむらこうじ》さんと3人で「寅の会」という食事会を定期的に開催していました。

その会に途中から女性リポーター陣や私なども加えていただいて、「なかにし会」として、食事会を開くということが恒例になりました。それはそれは楽しく有意義な時間でした。

２０１２年、なかにしさんは「ワイド！スクランブル」の生放送中に、食道がんであることを公表されました。

私も出演者・スタッフ一同も衝撃を受けましたが、なかにしさんは大病にも怖気《おじけ》づくことなく、納得するまでセカンド、サードオピニオンを受け、最先端の陽子線治療を受ける決心をされました。

自分の命を他人に任せきらず、納得のいくまで調べて戦い抜く覚悟は、やはり戦争という死線をさまよった経験のある方ならではの強さではないでしょうか。

大病を乗り越えられ、その後も続いた「なかにし会」。しかし、19年12月の会が最後となってしまい、昨年１年間、コロナ禍で開催できずにいた間に、なかにしさんは人生を生き抜いて旅立たれました。

９月２日のお誕生日に、私は毎年、お祝いのメールをお送りしているのですが、昨年も同じようにお送りしたところ、なかにしさんはすぐに返信をくださいました。

コロナ禍でこの世の終わりのような光景が広がっていることは悲しいけれど、ここまできたらなんとか生き抜いて、アフターコロナの世界をのぞきたい――そんな力強い思いが、メールの文面にあふれていました。

そのころ、なかにしさんは心臓の持病などですでに体調がすぐれなかったとのこと。容態が悪化し亡くなられるまでの詳細は、のちにご家族の方々からお聞きし、「生前、お世話になった番組だから」というお申し出もあって、「ワイド！スクランブル」でテレビをご覧の皆様にお伝えすることになりました。

お伝えした日は、クリスマスでした。

あまりに突然の訃報にショックが大きく、進行に集中していないと崩れてしまいそうでした。ですが、きちんと伝えきることがせめてもの恩返しと、自らを奮い立たせました。

まだ信じられない思いで呆然としたまま帰宅し、湯船に長めにつかり、心を鎮めようとしました。リビングに戻ったとき、本棚からバサッと床に数冊落ちる音がしました。その中の1冊が、なかにしさんの『わが人生に悔いなし』（河出書房新社）というエッセイでした。

「私は、人生を悔いなく生ききりましたよ。あなたも、生きることを謳歌しなさい」

それが、戦争を生き抜き、がんを乗り越え、数多くの作品を残したなかにしさんから自分へのメッセージだと受け止めています。

なかにしさんから学んだこと、忘れません。ありがとうございました。

香取慎吾さん
――圧倒的華やかさと心からの信頼

「ワイド！スクランブル」と並行する形で、02年の1月から担当していたもうひとつの生放送番組「SmaSTATION!!」のメインMCが、国民的アイドルグループSMAPのメンバー、香取慎吾さんでした。

番組が始まったころ、「大下さん、今度出るシングルの曲、僕、いままでいちばん好きなんです」とおっしゃっていたのが、のちに音楽の教科書に採用されるほどの大ヒット曲となる「世界に一つだけの花」。そんな時代ですから、いかにスーパーアイドルだったかがおわかりいただけるかと思います。

生放送番組であり、放送開始当初は同時多発テロや憲法といった硬質なテーマも扱ったりしていたのですが、香取さんの瞬時の対応力やコメント力は、当時から際立っていました。

デリケートなテーマをしっかりと受け止めて独創的な視点で切り返しをしたり、絶妙なタイミングで面白くリアクションしたり。いかにも才能の塊という感じで、一挙手一投足が光り輝いて見えました。

番組が始まったとき、香取さんはまだ20代という若さ。それで生放送のMCを務められる人というのは、当時としては稀有《けう》な存在だったと思います。真のスターの才能というものはすごいのだなと、傍《かたわ》らでそのオーラを浴びながらつくづく感じたものです。

その後、番組はエンタテインメントの方面に舵を切り、同じくSMAPのメンバーの稲垣吾郎《いながきごろう》さんとの映画コーナーが加わり、同じく準レギュラーとして草彅剛《くさなぎつよし》さんも頻繁に出演してくださるなどして、毎週、盛りだくさんの内容をお届けしました。

とにかく、自由闊達《かったつ》な番組でした。

日本テレビの夏の恒例「24時間テレビ」でSMAPがメインパーソナリティを務めた年は、生放送中に香取さんだけがテレビ朝日にやってきてジョイントしたり、香取さん主演のＮＨＫ大河ドラマ「新選組！」（04年放送）の最終回前日には、出演者と脚本家の三谷幸喜《みたにこうき》さんの総勢11人が集合して「SmaSTATION!!」をジャックしたりと、テレビ局間の壁を飛び越えてのコラボレーションが続々と生まれました。

香取さんは超多忙な中でも、半年に一度くらいはスタッフとの飲み会を設けてくださり、その際には「大下さん、楽しいですか？」「番組、毎週、楽しくやれていますか？」と気を遣ってくださることも。おかげでスタッフ間の信頼や結束は高まり、とてもいいチームになりました。

スターには、一緒に仕事をする者に「この人のためなら、自分の全力を尽くしたい」と思わせる魅力があります。ディレクター、技術スタッフ、美術スタッフ、編集スタッフなど、それぞれがそれぞれの役割に全力で取り組むわけですから、作品はどんどんよいものになっていき、そのことによってスターはさらに輝く。そういう循環になるのだなと思います。

月曜日から金曜日まで「ワイド！スクランブル」を担当し、土曜日は「SmaSTATION!!」と、週に6本の生放送を抱えた私は体力的には負荷のかかる状態でした。それでも、つらい話題も多いワイドショーを終えたあと、土曜日に華やかな放送に参加することで1週間を笑顔で終えることができ、ずいぶんと精神的に救われていました。

香取さんを20代から見てきました。その年代なんて、ふつうは生意気盛りですよね。しかも、文字通りの寝る間もない忙しさが延々と続くのですから、疲れて愚痴をこぼしたり悪態をついたりしても、おかしくはありません。

ですが、そんなことは一度もありませんでした。いやなことを言われたり、不快な思いをしたことが、まったくないのです。

香取さんを次の仕事先に連れていくために、トイレの外の廊下でマネージャーの方が待っていることもありました。「そういうときは、そっちに用がなくても、個室に入ってひと休みすることもあります」と茶目っ気たっぷりにおっしゃっていました。

そんな方の忙しさに比べたら、自分の週6日勤務なんて、寝っ転がれる時間はいくらでもあるのだし、たいしたことはないなと思いました。

3時間を超えるライブの直後でも、疲れた顔を一切見せずに番組を完璧にやりきってしまう。香取さんは、大変な忍耐力の持ち主だと思います。そして、国民的アイドルが多くの人を喜ばせたり楽しませたりするために、どれほど真面目にひたむきに働き続けているかを近くで見ることができたことは、仕事に対する私の姿勢に大きく影響しました。

番組は16年続き、17年の9月で終了しました。ＳＭＡＰが解散することを、私は16年8月の「SmaSTATION!!」放送後に知りました。

その日の反省会のあと、香取さんから「大下さん、ちょっと話があります」と声をかけられました。私がワイドショーを担当しているので、たぶん取り上げることになるだろうからということで、解散することについて、楽屋でご本人から直接お話をうかがいました。

私はとても動揺しましたが、香取さんのこれまでの仕事ぶりを見てきましたし、きちんと伝えたいと思いました。

当時の「ワイド！スクランブル」のプロデューサーが「あなたは香取さんと長年一緒に番組をやっているのだから、思うところはあるでしょう。秒数は気にせず話しなさい」と言ってくれたこともあり、週が明けた月曜日の放送で、私は自分の気持ちを素直に申し上げました。

すると、信じられないほど多くのＳＭＡＰファンの方から「慎吾くんを支えてくれてありがとう」と、感謝の言葉が届いたのです。香取さんがいかに多くのファンや視聴者に愛され、支持されているか、あらためて思い知らされました。

そして、心の底からの思いを正直に発信すれば伝わるんだ、ということを実感する出来事になりました。

また、番組でご一緒したい――あれから4年が経ち、ついにその日が訪れました。

21年8月、「ワイド!スクランブル」に香取さんをお招きすることができたのです。

香取さんは、国際パラリンピック委員会特別親善大使や日本財団パラリンピックサポートセンターのスペシャルサポーターなどを務めていることから、東京パラリンピックを前に、パラスポーツの魅力についてお話しいただきました。

この間も出演舞台や個展、映画、ショーなどを拝見していましたが、コロナ禍以降は楽屋へのご挨拶もできず、お目にかかるのは本当に久しぶりでした。

私は前日からうれしくも緊張し、夜中何度も目が覚めていました。すると香取さんも、「緊張して珍しく眠れなかったです」とオンエアでおっしゃったのです。

私はグッときて「絶対、よい放送にしたい!」と心から思いました。

ご本人とは打ち合わせを一切していませんでしたが、お話しするうちにあっという間に4年前の感覚に戻りました。香取さんといると、自然に笑顔になってハッピーな気持ちになる自分を思い出せたのです。番組をご覧いただいた方々からも同じような感想が多数寄せられ、とてもうれしかったです。

香取さんは、まだまだ底知れぬ魅力がある方。これからもさまざまな機会でご一緒したいです。

黒柳徹子さん――永遠のマイ・レジェンド

憧れの人は誰ですか？

そう尋ねられると、やはり真っ先に頭に浮かぶのは、レジェンド・黒柳徹子《くろやなぎてつこ》さん。日本のテレビ放送の創成期から活躍を続けている第一人者で、「テレビの母」とも呼ぶべき存在。誰よりも長くテレビで活躍しているのに、いつも瑞々しく、近年もインスタグラムやＹｏｕＴｕｂｅを始めるなどして若いファンをどんどん獲得し、輝きを増していらっしゃいます。

テレビ界で仕事をする人間にとっては、雲の上の存在であり、私にとっても永遠の憧れの人。黒柳さんが長年司会を続けておられる「徹子の部屋」（76年2月～放送中）は以前から大好きな番組でしたし、一時期「ワイド！スクランブル」の放送時間内に入っていた時期もあり、オンエア中にもよく拝見していました。

黒柳さんの自伝『窓ぎわのトットちゃん』（講談社文庫）を原案としたドラマ「トットちゃん！」（17年10月～12月放送）では、ナレーションを担当させていただくことができ、大変光栄でした。

じつは一度、海外でご一緒する機会がありました。

13年、ヴァチカン市国で行われたヴァチカン国際音楽祭に、指揮者の西本智実《にしもとともみ》さんが招聘され、長崎に伝わる祈りの音楽・オラショを、サン・ピエトロ大聖堂で披露することになりました。

その際、合唱団が随行したのですが、以前取材したご縁で、私も合唱団のメンバーに加えていただくことになったのです。その演奏会を観においでになったのが、黒柳さんでした。

11月のこのイベントに向けて、夏の間は合唱の練習に費やしました。そして、この時期に遅い夏休みを取りました。1週間近くの滞在中、黒柳さんや西本さんたちと毎晩のように食事をご一緒していたのですが、驚いたのは黒柳さんの健啖《けんたん》ぶり。おしゃべりをしながら夜遅くまで食事をしたあと、「私、ジェラートが食べたいわ」とおっしゃって、夜中にローマのジェラート屋さんにみんなで行ったこともありました。

その次の日の朝、西本さんにお会いすると、黒柳さんはバターとメイプルシロップをたっぷりかけたパンケーキをおいしそうに召し上がっていたというのですから、胃腸はきっと20、30代なのでは？　バイタリティの源は、そんなところにあるのかもしれません。

西本さんと黒柳さんは昔からのお知り合いなので、演奏会に足を運んでくださると聞いていました。西本さんをはじめ、サッカー選手の澤穂希《さわほまれ》さんら、黒柳さんは各界の、国際的に活躍する女性を応援し、若い世代とも積極的に交流をしていらっしゃいます。

「私、苦手な方っていないのよ」とおっしゃっていた黒柳さんは、いつでもウィットに富み、チャーミングなだけではなく、愛情あふれる方なのです。

「ワイド！スクランブル」にも何度かご登場いただきましたが、なかにし礼さん同様、黒柳さんも戦争の時代を経験した方です。

テレビは愛と平和を伝えるメディアだという確固たる信念をお持ちで、お話を聞くたび、背筋が伸びる思いです。

黒柳さんとテレビ、ということでもうひとつ、忘れられないことがあります。

私が子どものころ、黒柳さんが出演されていた「ザ・ベストテン」（ＴＢＳ系列・78年1月〜89年9月放送）を毎週楽しみに観ていたのですが、あるとき、シャネルズのみなさんが中継先から出演したときに、ちょっとしたハプニングが起こりました。

シャネルズといえば、ブラック・ミュージックを日本に広めたグループで、その当時は顔を黒く塗って出演されていました。その風貌について、大勢の見物客の中のひとりが、人種差別的な言葉を発したのです。

そのとき、黒柳さんが即座に「そういう言葉を使ってはいけない。人を差別してはダメ」と、その人を諭したのです。叱った、と言ってもいいかもしれないくらい、とても真剣に。それをスタジオで聞いていたほかの出演者の方々も、一斉に黒柳さんの発言に賛意を示しました。

おそらく自分が小学生だったころの、生放送の歌番組の一場面で起こったこの出来事を、私はその後もずっと忘れることができませんでした。

黒柳さんは、いけないことはいけないとちゃんと言える人なんだ。周りにいた歌手のみなさん含め、素晴らしい信頼できる大人たちが出ている番組なんだ……ということに、子どもながら感じ入ったのだと思います。

そのときはもちろん、将来テレビの仕事をするとは夢にも思いませんでしたが、アナウンサーとなってからはなおさら、伝える立場の人間はこうありたいと、ときおり思い出す出来事となりました。

日々、目まぐるしく流れていく時間の中にあっても、これはおかしいと思ったことはきちんと指摘できる人間でありたい。そうした勇気もまた、黒柳さんに授けていただいた大切なもののひとつです。

「憧れ」という言葉では表現しつくせないし、目標にするにはあまりにもはるか上の方。それでも、番組中に「黒柳さんだったら、どうコメントされるだろう」と考えることがあります。

ユーモアがあり、好奇心旺盛で、タフなスピリットを輝かせる黒柳さん。テレビ界だけに留まらない、日本の宝とも呼ぶべき個性から、これからもさらにさらに学んでいきたいと思います。

小林カツ代さん
——新しいことは、何歳からでも始められる

もうおひと方、番組をきっかけに知り合って、その人間性の大きさに感銘を受けたのが、料理研究家の小林カツ代さんです。

カツ代さんは、息子でやはり料理研究家のケンタロウさんとともに、「ワイド！スクランブル」の中で料理のコーナー「小林カツ代&ケンタロウのおいしいフライパン」を担当されていた時期がありました。

アシスタントは不肖、この私。毎回、簡単にできて、とびきりおいしい家庭料理をたくさん紹介してくださいました。

ちょうどそのころ、カツ代さんから「私、合唱団を作ろうと思うの。あなたも入ら

ない？」と誘っていただいたのです。

動物好きのカツ代さんが、動物たちの保護活動のためのチャリティとして立ち上げたのが「神楽坂《かぐらざか》女声合唱団」。

カツ代さんのお声がけによって、倍賞千恵子《ばいしょうちえこ》さんや山田邦子《やまだくにこ》さんといった芸能界の方から、政治家の土井《どい》たか子さん、福島《ふくしま》みずほさん、デザイナーのコシノジュンコさんら、さまざまな世界で活躍する錚々《そうそう》たる女性たちが集いました。

私は30歳を過ぎたころだったのですが、合唱団の練習や年末のクリスマスチャリティディナーショーなどは、一生の記念となる楽しい思い出です。それでも一時期、忙しさのせいか、原因不明の不定愁訴《ふていしゅうそ》のような症状に悩まされて、なかなか練習にうかがえないときがありました。

そんなとき、カツ代さんはお電話をくださって「ちょっとしんどくても、来て歌ったら楽しくなるわよ。一緒にやってみましょう」と励ましてくださいました。

テレビ番組への出演に加え、雑誌の撮影、レシピ本の製作、料理教室の主宰《しゅさい》やキッチングッズの商品開発に、さらには堪能だったエッセイの執筆など、ご自身のほうがずっとお忙しかったはずです。それなのに、こうして隅々にまで目配りをなさる心遣いに感激したものです。

合唱団を立ち上げたころの小林さんは、60代だったと思います。「いくつになっても、人は新しいことを始められるのよ」とおっしゃっていました。そして、「一所懸命に物事に取り組む人は際立つのよ」という言葉も忘れられません。

カツ代さんとの出会いもまた、私の財産のひとつとなりました。

八木亜希子さん――朗らかさと真面目さと

番組を通じてのうれしい出会いはいくつも経験しましたが、アナウンサーの先輩の八木亜希子《やぎあきこ》さんとのご縁も、そのひとつでした。

フジテレビのアナウンサーとして活躍されていた時代から、その後の女優としての活動も、ずっと番組や作品を拝見していました。

ドラマ「トットちゃん！」に、八木さんは黒柳徹子さんの母・朝《ちょう》さんの叔母役で出演されたのですが、ナレーションで同番組に関わることになった私も、最初の顔合わせに参加させてもらいました。

もともとあまり積極的な性格ではないのですが、憧れの八木さんがいらっしゃる！と、顔合わせの終了後、矢も盾もたまらずご挨拶に行きました。

すると、八木さんが「今度、ごはんでも食べに行きましょう」と言ってくださったのです。そのような言葉はその場限りとなることも多いのですが、八木さんはそれから間を置かず、実現してくださいました。

同じアナウンサー同士ということで、お食事しながら私はつい、仕事の悩みなどを打ち明けてしまいました。

アシスタント生活が、そろそろ20年にさしかかろうとしていたころ。同じことの繰り返しで、自分が成長できていないのではないか、このままこの番組でキャリアを重ねていっていいのか、自分から環境を変えることをしなければならないのではないか。

感じていた閉塞感と危機感を率直に訴えたところ、八木さんはそれに耳を傾け、受け止めてくださいました。

「いまの仕事が120パーセントいやだと思ったら、辞めていいと思う」

八木さんからかけられたのは、そんな言葉でした。

「会社に行くと思っただけで吐きそうになるのを120とすると、いまはどのくらい？」と八木さん。「うーん、80くらい……ですかね」と私。「じゃあ、まだ大丈夫かな」と、八木さんは微笑みました。

アナウンサー時代のご自身のことも、話してくださいました。

絶大な人気を獲得していた八木さんですが、ニュース番組を担当していたころは、毎日シビアなニュースを伝えながら、「日本の行く末を考えると、眠れなくなったこともある」とおっしゃっていました。

なんて真面目な方なのだろう！　自分はそこまで仕事を突き詰めているだろうか。あらためて振り返ると、とてもそんなふうには思えません。

「大変なことはいっぱいあるだろうけれど、いまの大下さんがやっている仕事は誰もができるわけではない。続ける価値のある仕事だと、私は思うな」とおっしゃいました。

周囲にアナウンサー経験のある先輩が少なくなっていたあのころ、八木さんのアドバイスは、とても優しくかつ説得力があり、私の支えとなりました。八木さんがそう言ってくださったのだから、もう少し頑張ってみようと。いま、あのとき辞めなくてよかったと感謝の気持ちでいっぱいです。

こうして振り返ると、人生ソーシャルディスタンスと言いつつも、「この人と話したい！」というときは、自然にそういう行動をしているものだなと気づきました。人に傷つけられたり、いやな思いをすることがあったりもしますが、それ以上に人に救われたり、励まされたりすることもあるように思います。

直接会うことでなくても、本や映像で人の言葉にふれるのも、ひとつの出会いであり、経験といえるでしょう。

出会いは、人生にとって大きく大切なもの。そこから得たものを日々、自分に活かしていきたいと思います。

毎日の私を支えてくれる人たち

ここでもう幾人か、私の毎日を支えてくれている人をご紹介したいと思います。

ひとりめは、「ワイド！スクランブル」をはじめ、私がテレビに出演するときの衣装のスタイリングをしてくださっている、スタイリストさん（お名前は、ご本人が恥ずかしいから書かないでとのことなので、このままで）。

彼女とは、入社1年目、私のはじめてのレギュラー番組、局の広報番組に出演したときからのご縁です。ですから、会社に入っていちばんたくさんの時間を一緒に過ごし、いちばんたくさんお話しししています。

もともと、番組の前任者だった先輩アナウンサーのスタイリングを手がけていらっしゃったのですが、私が引き継ぐことになり、そこからおつきあいが始まりました。番組が終わったことによって少し間がありましたが、98年に「ワイド！スクランブル」の担当に決まったとき、あらためてお願いしました。

以降、洋服から靴、アクセサリーに至るまで、23年毎日、お世話になっています。

彼女は私の好みはもちろん、体型のコンプレックスまですべてご存じです。たとえば、襟元は開いたものよりもスタンドカラーが好きだとか、タイトで短いスカートよりもワイドなパンツスタイルが好みであるなど、それを踏まえたうえで毎回、品のある、そして遊び心のあるスタイリングをしてくださいます。また、身ごろや襟ぐりがスッキリ見えるように後ろからピンでちょっとつまんでくださったりと、細部まで気を配ってくださるプロフェッショナルです。

情報番組は、ファッションも情報のひとつ。ですから、流行の色や形もさりげなく取り入れてくださっていて、勉強になります。

そして、せっかく5曜日あるのだからバリエーション豊かなほうが観てくださる方も楽しいのではないかと、フォーマルなものからフェミニン、カジュアルスタイルなど複数の衣装を用意してくださいます。そこから、その日の気温や扱うニュース内容をもとに、しっかり相談して決めますが、私生活ではファッションに疎《うと》い私も、ついつい「今日はなんだろう？」と楽しみにしてしまうのです。

日々のオンエアに臨むにあたり、衣装は気分も大きく変わるとても重要なものです。放送を観てくれる母や姉も、「いつも素敵な衣装を着せていただいて。足を向けて寝られないわね」と。まったく、その通りです。いつもありがとうございます。

同期入社のアナウンサーである坪井直樹、角澤照治にも、いつも感謝しています。ふたりとも、とにかく優秀で人柄がいい。この同期でなかったら、私はアナウンサーを続けられなかったと、心から思っています。どんな悩みも聞いてくれます。そして、アドバイスしてくれます。

お互いにずっと励まし合い、支え合ってきました。定期的に食事に行くのですが、ふたりはトークがうまいので、涙が出るほど笑って真剣な話もして、あっという間に2時間、3時間過ぎてしまいます。感謝してもしきれないほど大好きな、そして信頼しているふたりです。

そのほかにも、プライベートでつきあってくれる友人たち、ついつい愚痴を言ってもそれを電話で受け止めてくれる姉、そして母にも感謝を。

子どものころから、母はよく「人のいいところを見なさい」と言っていました。いつも心に留めている言葉です。

大人からは「たたかう」努力も必要？

第5章

メインＭＣとなって

アシスタントとして続けてきた「ワイド！スクランブル」に大きな変化が起こったのは、２０１８年の秋。橋本大二郎さんのあとを引き継いで、私がメインＭＣになることが決まったのです。

その半年後には、さらに大きな変化が。なんと、19年春から番組タイトルが「大下容子ワイド！スクランブル」となったのです。

自分の名前が番組タイトルについた初回のオープニングで、コンビを組む小松靖《こまつやすし》アナウンサーが意気込みを聞いてくれたのですが、私は「エイプリル・フール、ですかね」とだけコメントしました。

あとで、観ていた人から「冠番組となって熱く語るのかと思ったら、サラッとしていて驚いた」と言われましたが、自分としてはこれまでと何も変わらずやっていきたいと考えていました。

ですが、ここにたどり着くまでには、少なからず葛藤を抱えていました。

20年間、3代のメインMCのアシスタントを務めてきて、気がつけば番組の中でもいちばんの古株になっていました。20年というと、生まれたての赤ちゃんが成人式を迎えるまでの時間ですから、それなりの長さです。

それぞれのMCと日々、生放送をともに務め、さまざまな影響を受けて吸収してきたつもりですが、30代、40代と年齢を重ねるにつれ、アシスタントという役割の悩みは深くなっていました。

番組を切り回すのがメインMCで、それを補佐するのがアシスタントの仕事です。生放送中、「ここでこの人に話してもらったら、面白いのではないかな」と思っても、それはメインMCが決めること。何を面白いととらえるかも、もちろんメインMCの感性が優先されます。

VTRを見たあとのコメントも、まずメインMCが感想を言って、私はその内容を予測しながら、それとは別の切り口をセカンドの視点で用意しなければなりません。

こういう角度ならメインの方の刺激になるのかな、スタジオの話が広がるかな、でもあまりに突飛《とっぴ》な意見も不自然だし……と短い時間に考えを巡らせますが、どんなに準備をしても、コメンテーターとのやりとりなどで時間がなくなれば、私のコメントはあっさりカットになってしまいます。

正直、私がいなくても番組は滞りなく進むのです。進行だけなら、若いアナウンサーでも十分務まる。そのほうが、画面も華やかになっていいのではないか。起用し続けてもらっていることに感謝しなくてはならないことは、十分わかっている。それでも、何年経っても進歩していないのではないか。このままでいいのか——。

不完全燃焼からくるフラストレーションと、番組のためにどう振る舞えばプラスになるのかを考えすぎて、ストレスが溜まりに溜まり、疲れ果てていたのだと思います。

ですから、メインMCとして、これまでは任せてもらえなかった生放送の流れの管理を任せてもらえるようになったのは、やはり大きな変化でした。

番組中、どこにトーク時間を大きく取ることが、観てくださる方にとって面白いのか。その分、どこをテンポよく情報のみにするか、誰に話のトスを上げるかの判断も、自分次第です。

もちろん、おおまかに打ち合わせをしたうえでのことですが、それでも番組を動かしながら、自分の考えやカラーをより打ち出していける環境になったわけです。

そして、メインMCとしてカメラの前に立ってみると、この役割にはこの役割なりの重圧があるのだということも、よくわかりました。

なんとなく隣にいて、メインMCの仕事についてはそれなりにわかっていたつもりでしたが、見るのと実際にやるのとでは大違いでした。番組を舵取りするために考えなければならないことがじつにたくさんあり、かつ瞬時の判断の連続です。

正直に言うと、アシスタント時代はメインMCに対して、「もっとこんなふうにしてくれたらいいのに」と思うこともありました。

しかし、メインとアシスタントでは、ストレスの種類が異なります。どちらがより大変ということではありませんが、その差異が、担ってみてはじめてわかりました。

メインMCの醍醐味は、とにかく「全力を出しきれる」こと。自分なりにテーマとがっぷり四つに組み、スタジオを切り盛りしながら議論を重ねたあとの疲労は、どこか健全な疲労とも呼べるもので、以前に感じていた、くすぶるような不完全燃焼のストレスではありません。

これは、両方を経験したからわかることです。発信させてもらえないストレスのほうが、ずっと苦しかったです。

番組の顔としてのプレッシャーがないといえば嘘になりますが、その重圧に応えながら番組を作ることだって、もともとひとりでできることではありません。皆で、チームで頑張っていい番組を作っていく、そのための役割分担があるだけなのです。20年のサポート役を通して感じた「みんなが輝く番組」を、簡単ではありませんが目指していきたいと思っています。

ちなみに、冠番組の初回を気負いなく終えられたのには、もうひとつ理由がありました。

じつは19年の4月1日は、新元号をお伝えする日だったのです。

放送中の11時半ごろ、当時の菅義偉《すがよしひで》内閣官房長官が新元号の発表を行うとされていました。そのため、スタジオにはその内容を予測して、中国の古典や日本の古典に詳しい先生をお招きし、どんな元号が発表になっても即座に解説していただけるような体制を取っていたのです。

歴史に残る日なのですから、冠番組のスタート日ということよりも、新しい元号をきちんと伝えられるだろうか、時間をキープできるだろうか、コメンテーターやゲストのみなさんにきちんとお話ししていただけるだろうか……と、考えることが山ほどありました。

自分のことより人のこと、番組のこと、という状態だったので、余計なことを考えないで済み、集中できた。いま思えば、よいスタートだったかもしれません。

一度きりの「辞めさせてもらいます！」

ただ、自分の名前が番組タイトルにつくと知らされたときは、悩みました。

最初に聞かされたのは、私がメインMCとなって18年秋からリニューアルし、4か月くらい経った19年の2月ごろだったと思います。

オンエア後にプロデューサーに呼ばれ、「大下はいやだって言うと思うんだけど、4月から番組タイトルを『大下容子ワイド！スクランブル』に変更する」と告げられました。

「困ります！」

第５章

プロデューサーが予想した通りに、私は即答しました。メインMCになってやっと調子がつかめてきたところだったのに、さらに番組名まで背負えと？　普段は人と戦わない私ですが、このときばかりは「勘弁してください」「どうして、いまさら番組名を変える必要があるのですか？」と抵抗しました。

ありがたいこととは重々承知していても、私にとっては重圧の上乗せ以外のなにものでもありません。「土曜ワイド劇場」（77年7月〜17年4月放送）のクライマックスではありませんが、断崖絶壁により重い荷物を背負わされ、追い詰められた気持ちでした。

「さりげなく、地道に仕事をしていくほうが自分の性に合っている。一会社員として荷が重すぎる」「もう番組を辞めさせてください」と言うほどでした。

が、そのときは「もう決まったことだから」というムード。逆に「さりげなくやっていけるような時間帯じゃないんだ」と言われ、結局押しきられてしまいました。

私の名前をつけたところで、何が変わるのか……。

しかし、思わぬ反応がありました。同世代や周辺世代の女性たちが、とても喜んでくれたのです。

「コツコツやってきた人が評価され、番組に名前がつくなんて、すごくうれしい」

そんなふうに言ってくださる声を聞いて、驚きました。それとともに、喜んでくださる女性たちがいるのなら、頑張ることに少しは意義があるのかなと、とらえられるようになりました。

たしかに、テレビ番組の世界では長年、男性がメイン、女性はアシスタントという構図が一般的でした。私の世代くらいまでは、女性の側も半ばそれを受け入れていた面があります。

しかし、時代は変わりました。報道番組のメイン司会を女性が務めることは、いまでは少しも珍しいことではなくなりました。

本来ならば男性も女性も関係なく、適材適所でやるのが健全なこと。私がその任にふさわしいかどうかはさておき、もう「男性だから」「女性だから」という時代ではなくなったのです。

そういう時代の巡り合わせならば、私にできることは1日1日の放送をこれまで通りに着実に務めること。そう腹をくくりました。

とにかく、大事なことは、お届けする内容を視聴者に面白いと思っていただけるかどうか。ここは23年、まったく変わっていません。挑戦の毎日は続きます。

「エグゼクティブアナウンサー」って？

そうしているうちに、20年春、私はある役職を拝命しました。

それは「役員待遇　エグゼクティブアナウンサー」。

？？？　自分でも、まったくもってそんな感じでした。役員待遇という意味もわからず、インターネットで検索したくらいです。

エグゼクティブアナウンサーという肩書きを持つアナウンサーは、これまでの先輩で何人かいらっしゃったのですが、まさか自分が、という感じ。まったく寝耳に水の出来事でした。

辞令を受ける際には、これまでの自分への評価とともに、「ほかのアナウンサーの目標となってほしい」というようなことを告げられました。

これは私の勝手な解釈ですが、アナウンサーとして、こういう道もあるよということとを、会社が示したかったのかもしれません。

番組に自分の名前がついたときと同様、このときも、周囲の人たちが喜んでくれました。

「励みになります」と言ってくれた後輩アナウンサーも、何人かいました。聞けば、「アナウンサーは出世できないと思っていたので、こういう道筋を作ってもらったのはありがたい」ということでした。

私は社内事情に疎《うと》く、現場にいられたらありがたいというタイプなのですが、少しでも後輩の励みになっているのなら、こんなにうれしいことはありません。

アナウンサーは専門職であり、お声がかかってはじめて現場に出られる仕事です。よく俳優さんが「私たちは待つのが仕事です」とおっしゃいますが、アナウンサーもそれに近いものがあります。会社員ではあってもオファーがない限り、番組には出られないのですから。

それに、たとえ声がかかったとしても、希望通りの仕事ができるとは限りません。それぞれに「報道がやりたい」「バラエティがいい」「スポーツ専門で」と思っていても、私がそうだったように、皆が皆、思い通りの仕事ができるわけではありません。

それでも、現場で少しずつでも研鑽《けんさん》を積んで、自分なりにできることを増やしていけば、それなりの生き方ができる――のかもしれない。

辞令は、「いまの仕事をさらに突き詰めなさい」という意味なのだと思って、受け取ることにしました。


そもそも、アナウンスの仕事以外に、何か役に立てることが自分にあるとは考えられません。パソコンも事務作業も不得手ですし、管理業務がきちんとできるとも思えません（周囲を見ても、アナウンサーにはけっこうそういうタイプの人が多いようです）。

いまは、この道を精いっぱい進んでいこうと思います。

ちなみに、役員待遇だから、エグゼクティブだからといってとくに何かが変わるわけでもなく、そのまま普段通りに仕事を続けています。

後輩たちには、働く背中を見てもらう

そんなわけで現在、現場のアナウンサーとしては、ほぼ最年長クラスになりました。「ワイド！スクランブル」でも、私がメインＭＣになってからは、最初の1年間は小松靖アナウンサー、現在は佐々木《ささき》亮太《りょうた》アナウンサーがアシストしてくれています。

メインＭＣは大変ですが、アシスト役もその立場ならではの大変さがあります。

先にも申しましたが、メインＭＣはとにかく全力でやってそれで評価を受けられますし、ダメなら仕方がないと割り切れる部分があります。一方、アシスタントにはアシスタントの苦しみがあります。

ふたりにも、我慢を強いられる場面が多々あるはずです。長年それを経験してきた私は、誰よりもその気持ちがわかるつもりです。それを汲んで、なるべく気配りをして……と心がけてはいるのですが、日々の放送では自分の役割で手いっぱい、助けてもらってばかりです。

メインが集中して熱を発しているとき、アシスタントは広く周りを見て、一回あえて割って入って落ち着かせることもあります。アシスタントは、番組全体を俯瞰することを鍛えられます。最終的に、その力量で番組に貢献でき、それを周囲にも認めてもらえれば、これまでの努力が活きることになります。

番組における役割が変わったとき、これまでの経験を活かしてほしいし、そこで新たな気づきがあるはずです。そんなふうに順番に、後輩たちに引き継がれていけばいいなと思っています。

スタッフの苦労は、私たち出演者には、はかりしれないものがあると思います。同様に、出演者の苦労は、スタッフには見抜けないところもあるでしょう。自分が気づいたところは実践して、一緒に成長していくことができればと願っています。

そもそも、後輩にアドバイスをするということが、私はあまり得意ではありません。経験上「こうだったよ」とは言いますが、アナウンサーにも個性がありますし、いいと思うやり方も人それぞれ。私のやり方が誰にでも当てはまるかというと、そういうわけではありません。そのため、言葉をかけるよりも、「仕事ぶりを見せて、感じ取ってもらう」派です。

自分から言わないというのは、自分が若いころ、先輩に言われたことを気にしすぎる性格だったこともあるかもしれません。あれこれ言いすぎて、その人の取り柄がなくなってしまったら申し訳ないですから。

それに、若いころの私は、積極的に先輩にアドバイスを求めにいくタイプでもありませんでした。それでも、「こういうリポートができればいいな」「こういう司会者になりたいな」と思う先輩には、やはり自分から聞きに行ったりしていたものです。そうして得たものだけが、結局は自分にとっても役に立っているようにも思います。

先輩アナウンサーと番組で共演し、同じ空間にいるだけで、学ぶことはたくさんあります。私自身、先輩がどんな準備をしているかに始まり、ゲストとの合間の会話、振る舞いなど、そのノウハウをシャワーのように浴びたことが、のちのちとても役に立ちました。

いまは、20代から50代までのアナウンサーが、同じ番組に出ています。「何年後はこういう仕事ができればいいな」「ああはなりたくないな……」など、何でも見て感じてくれたらと思っています。

テレビ朝日のアナウンサーは皆、とても真面目。向上心があります。

私からあえてやることといえば、何かいい仕事をしたときに「あれは面白かった！」「あのナレーションとってもよかったよ」などと「観ている」ことをきちんと伝えること。そして、「自分がいいなと思うアナウンサーをしっかり観察して、学んでほしい」と言うことくらいです。

これは自分が駆け出しのころ、ちょっとしたリポートをほめてもらってうれしかったから。自分がされてうれしかったことを、実践するようにしています。

あとは、何か夢中になれるものを見つけてくれるといいなと思います。一所懸命になっている瞬間は、誰もが輝いていて、それはきっと周囲のスタッフにも視聴者にも、まぶしく映るはず。それぞれが伸びやかに活躍していくことで、番組も、局全体も活気づくのではないでしょうか。

後輩のアナウンサーには、「『ワイド！スクランブル』や私を踏み台にして羽ばたいてね！」とよく言っています。

我慢しすぎず、言うべきときは言う

「ワイド！スクランブル」の現場でも、適度な距離を保つことは、相変わらず続けています。

ただでさえ番組に長くいる私は、若いスタッフから見れば主《ぬし》のように見られかねない存在です。威圧的にならないよう、いままで以上に慣れすぎず、を心がけています。

何しろ争いごとが苦手なので、自分の中にあれこれ溜め込みがちな私。言いたいことがあっても、摩擦を恐れて言えない日々は、けっこう長く続きました。

ちょっと意見して現場が険悪な雰囲気になるのもいやだし、言葉を発することで自分も傷つく。自分が我慢して円滑に回るのならば、そのほうがいい……と。

人を活かす立場として、なるべく自我を消してやってきた部分があるのですが、あるとき、「やっぱり大下さんが楽しそうにやっているときは、こちらも楽しくなる」と言われたことがありました。

自分ではわからなかったのですが、私が我慢していたり、つらそうにしていたりすることが、きっとテレビの画面を通して伝わってしまっていたのでしょう。せっかく観てくださる方々が痛々しい思いをするのは最も避けたいことなので、気持ちを抑え込みすぎず、なるべく軽やかに、と意識するようになりました。

と同時に、メインMCになってからは、やはり言うべきときにはきちんと伝えなければと感じることが多くなっています。

たとえば、テーマ選び。

相変わらず男性が多いスタッフの間では、どうしても男性が好む、あるいは面白いと思うテーマに偏りがちです。

そう感じたとき、いまは打ち合わせの場でも「このラインナップは、ちょっと男性からの視点に偏りすぎじゃないですか？」と言うようになりました。

政治や経済、社会情勢は、もちろん関心の高いテーマですが、日々起こっていることはそれだけではありません。エンタテインメントやスポーツなど、視聴者が関心を持っているテーマは、ほかにいくつもあるのです。

ワイドショーなのに、全然「ワイド」になっていない。そう感じるときは、むしろ積極的に発言し、テーマを提案するようにしています。

とくに最近は、新型コロナウイルス感染症関連にテーマが集中するので、番組の重心もそこに傾きがち。そんなときこそ、なるべく息の抜ける、ほっとするテーマも加えようと心がけています。

長時間の番組ですので、テンポや緩急は大切です。世界のどこかで起こったちょっと笑えるニュースなど時間は短くてもほっとするテーマで、1日に一度くらいは皆で笑い合える雰囲気になれたらいいなと思っています。

どんなに気心の知れたスタッフでも、「私はいま、こんなふうに思っている」「ここがちょっとやりにくい」ということを、言わないで察してくれというのは、無理な話です。

また、それと同じくらい、相手にも言えなくて困っていることがあることでしょう。とくに番組が長く続いていると、どうしても定番のテーマで安定的に回すことに流れていきがちです。安直なテーマ選びをしているように感じられるときは、あえて「この曜日、最近、テーマを『置き』にいってませんか？」と投げかけることもあります。もちろん、頻繁には言いませんが……。

昨日今日の人間に言われても、スタッフは「は？」という感じでしょう。でも、20年以上続けてきた者としての意見は、やはりいくらかの説得力が備わっている……と信じて。

それに発奮してくれたのか、最近、新しいテーマを取り上げたり、はじめての専門家にお声がけしたりと、スタッフの間にも挑戦するムードができてきました。とくにいまは、コロナ禍でリモート取材が盛んになっていますので、東京のスタジオに来られない方でも全国から、どうかすれば世界中からお知恵を拝借できるのです。

こういう挑戦は、番組に勢いがあるときにしかできないもの。守りに入らず、意欲的な取り組みをしようとしている人に気づいたときは、「あれは新鮮で、とってもよかったです」と声をかけるようにしています。

番組は、チームワークが大切です。一人ひとりのスタッフが能動的に動くことで輝き、結果、番組の気運がさらに高まっていくことでしょう。

時間はかかりましたが、スタッフとのこうしたやりとりも以前よりスムーズになってきたと感じていて、それは、長く続けてきてよかったと思うことのひとつです。

言わなきゃ、通じない。

あるとき、母に電話でそう言ったら、「そりゃあそうよ。何十年も連れ添った夫婦だって、言わなきゃわからないんだから」と返されました。

たしかに、そうですよね。最大多数の最大幸福ではありませんが、スタッフも出演者も、そして視聴者も、なるべく多くの人にとってハッピーな道を探しながら放送を続けています。

理想的なのは、私がとくに何かを言ったりしなくても、いつでも〝For the team〟で、番組のために頑張ろうと一致団結できること。そのうえで、自分たちが面白いと思っているものが観てくださる方のそれと重なっていれば、こんなに幸せなことはありません。

女性が働き続けるということ

報道系の番組の現場で女性が長く働き続けるというのは、いまでもそう簡単なことではありません。

女性は結婚や出産、また家族の状況による変化を受けやすい立場です。私はたまたまどれも経験していないので、変わりなく仕事を続けてこられたわけですが、制度が整う以前は、どうしても女性は途中でキャリアを中断せざるを得ませんでした。アナウンサーにしても、結婚して出産し、育児休暇を取ると、同じ場所に戻ることは、ほぼ不可能でした。

しかし、いまやニュース番組では、多くの女性アナウンサーが出産を経て、育児を続けながらＭＣを務めています。アナウンサーだけではなく、現場のスタッフにも産休、育休を経て仕事に復帰する女性がたくさんいます。

また、育児休暇を取得する男性アナウンサーも出てきたのは、とてもいいことです。ほかの職場や職業でも、ずいぶん当たり前になっていると思います。それぞれの業界で仕事を深めていくうえで、とても大切なことだと思います。

番組作りには、やはりもっともっと女性の目が必要です。

視聴者の半分、もしかしたら半分以上は女性ですが、作り手はまだまだ男性優位の世界。女性が面白いと思うことと、作り手の男性が面白いと思うことが微妙にズレているんじゃないかと感じることは、多々あります。

「ワイド！スクランブル」も、番組の決定権を持つスタッフはほとんどすべて男性です。そのため、打ち合わせをしていて、取り上げるテーマや切り口を話し合っているとき、男性は面白いかもしれないけれども私はあんまり……ということがあります。そんなときはついつい、「共感できる女性の仲間がいたらいいのに」と感じてしまいます。

情報番組は拘束時間も長いため、家庭を持ち、なおかつ育児中の女性にはなかなかハードな現場だということはたしかです。

ですが、なんとか数を増やして、女性の視点や声を活かしていくことができたら、と思うのです。家庭生活と両立しながら仕事に向き合っている女性には、たとえ時間に制約はあっても、より多くのものが見えるようになっているはずですから。

一方で、独身者の頑張りも理解してほしい、とも思います。

休日出勤や深夜早朝の仕事など、家族がいる人には頼みづらいシフトの仕事を引き受けている独身者は、女性、男性にかかわらず、どこの職場でもけっこういらっしゃるのではないでしょうか。

私自身も、「自分はどうとでもなるから」とつい引き受けたこともあるのですが、どんな立場の人でも仕事は仕事だし、大切なプライベートがあります。

頼みやすい人に負担が偏ることなく、フェアな働き方にしていくことが、お互いの継続した働きやすさのためにも必要だと思うのです。

「女子アナ」の扱いは日本の縮図

「女子アナ」といえば、イメージとしてはとても華やかな存在。実際、元タレントだったり、ミス何々という称号を持っていたりする人も多く、とくに最近アナウンサーとして入ってくる若い女性たちは皆、とても美しく、かわいらしいです。

アナウンス部でパソコンの作業をしていて、ふと周りを見渡すと、もう百花繚乱状態。「なんでこんな場所に自分がいるんだろう?」と、肩身の狭い思いをすることがあります。

女性アナウンサーの立場も、時代とともに変わってきた面があれば、まったく変わらないなと思う面もあると感じています。

ここ20年で変わったことといえば、デビューが早くなったことでしょうか。

私が新人のころは、3か月の研修に加えて3か月の現場研修がありました。ですが、最近の新人アナウンサー、とくに女性アナウンサーは、入社前から研修を受けはじめ、4月からすぐに番組に登場することも珍しくありません。

新人、とくに女性を早く起用するのは、初々しさや、そこに起因する面白さを愛でる傾向が影響しているように思います。

でも、誰が伝えてもニュースはニュース。その人が局アナであれ、フリーであれ、新人であれベテランであれ、視聴者にはまったく関係のないことです。やはり、きちんとした発声、発音で伝えるのが、伝え手の役割です。

公共の電波を使って、スポンサーにお金を出していただいて番組を作っているのですから、テレビで伝えるならば、ニュースを読む技術を磨いて臨むべきではないかと、個人的には思っています。

そもそも、女性アナウンサーに関しては、なぜか歳を重ねることがデメリットとされがちです。

本来、年齢を重ねて経験を積むことはアドバンテージになるはずなのに、どうして女性アナウンサーだけは価値が目減りするのでしょうか？

海外の報道番組を見ると、キャスターには年配の女性も多く、さまざまな現場で経験を積み、いろいろな人の悲しみや痛みを知って、説得力のある言葉を紡ぎながら報道をしている例を目にします。

そうした人間力がもっと評価され、女性の側も、それをのびのびと発揮できる世の中にしていかなければと思うのです。

最近はアナウンサー採用試験に関わっていないので、7、8年前の話になりますが、選考者は男性が多勢で、女性がきわめて少なかった。そしていつも、私が選ぶアナウンサー候補者は、多くの男性選考者が選ぶ人とまったく違っていました。

いまはまだ垢抜けず、しっかりとできあがっていなくても、おおらかな雰囲気があり伸びしろがありそうだなと思って推薦しても、男性陣はシーンと無反応。「私の見る目って、そんなにおかしい？」と思いますが、多数決では完敗です。

女性が「一緒に仕事をしたい」と思う女性を選ぶことも、大事だと思うんですけれど……。

世の中は、少しずつですが変わりつつあります。公職のトップに、女性が就任することも珍しくなくなってきました。

しかし、２０２１年にもなってこういうことがニュースになること自体、日本はずいぶん遅れていますし、テレビ局もまだまだです。私も分厚い壁を前にして悩むこともたくさんありますが、声を上げ続けなくてはなりません。それは対立するためではなく、理解し合うためです。

「現状維持」に甘えない

自分の名前のついた番組を持つことになったのは、まったく予想外のことでしたが、大人になると、職場で思いがけない異動を経験することもあるでしょう。

私自身は長く会社員をしていて、わりと安定志向というか、変わらないことが心の薬になっている部分もあると思います。新しい環境に身を置くことになったり、人間関係が変化したりすると、誰でもストレスを感じるものです。

それでも、異動したり、仕事を変えてみたりすることで、新しい出会いがあったり、もといた場所のよさが見えたりすることもまた、あるのだと思います。

もしいま、こういう仕事がしたいと思うことがあって、それに適した部署があるなら、異動を希望してもいいと思います。すぐに叶わなくても「私はこう考えています」と会社に知っておいてもらうことには、意義があります。逆に言わないと、「そこでいいんだな」と受け取られるかもしれません。

そして、もし思わぬところへの異動を命じられたとしても、それは会社や組織がこれから注力しようとしているところにあなたの能力を必要としているから、ということも大いに考えられます。

会社の人事担当者や管理者は、意外と人のことをよく見ているものです。もし現状に行き詰まりを感じているのなら、とりあえず人の話に乗ってみるというのは「あり」だと思います。

また、現状維持で安定していたとしても、一方では、人間の体の能力は残念ながら年齢とともに退化していきます。

だから、少しずつでも努力を積んで、ちょっとずつ向上する、自ら変化していく。

大人からは「たたかう」努力も必要？

よく「変わらないためには、変わり続けなければならない」と言われます。「あの人は変わらないね」と言われるためには、やはり少しずつバージョンアップすることをつねに心がけていかなければならないのでしょう。

第 6 章

50歳、そしてこれから

50歳は「準定年」!

コロナ禍が始まった2020年の春、ひとりの同期入社の女性が退職しました。いつも丁寧な仕事ぶりで人懐っこく、同期の誰もが彼女のことが好きだったので、報せを聞いて皆が残念がりました。

そしてハッとしたのが、彼女の退職の人事発令に「準《じゅん》定年による」と書かれていたことでした。

準定年。彼女がそうだということは、私もそうなのです。

この状況なので、オンラインで同期送別女子会を開催しました。「なぜ辞める決断を?」と彼女に尋ねたら、入社してからずっと仕事を続けてきたけれども、家族のことが大好きで、手芸という趣味もある。だから50歳を区切りに、これから少しそちらのほうに重心を移したいと話してくれました。

人生100年時代の折り返し地点。元気なうちに、好きなことを思いきりやってみたいという彼女の気持ちも、よくわかるのでした。

私のひそかな夢①
海外で暮らしてみたい

私がやってみたいこと——そのひとつが、海外で生活することです。
旅行や取材では何度も行きましたが、外国で暮らした経験はありません。その土地で生活しながら取材をしたり、いろいろな人にお話を聞いたりしたいという夢を、ずっと抱き続けています。

これまでスタジオからの生放送の番組を中心にしてきた私にとっては、現場での取材経験が少ないということが、ひとつのコンプレックスになっていました。
もちろん、スタジオでさまざまな道の専門家の知見にふれられるのも、取材といえば取材です。しかし、外国で暮らしながら仕事をすることで、直接的な刺激を受けて発見することはたくさんあるでしょうし、日本という国を外から眺めることもできるでしょう。

大学時代は、クラスの半数近くが帰国子女でした。

一応、中学時代に英会話教室に通っていたため、広島から出てきたとき、英語はほんの少し自信があったつもりでした。しかし、彼女たちは普段のちょっとした会話も英語だったり、その発音が自分とはまったく違うと、はじめて聞いたときは衝撃を受けました。

聞くと、それぞれに苦労したところもたくさんあったようですが、皆どこか垢抜けた雰囲気で、憧れていました。大学1年が終わった春休みにイギリスのオックスフォードの英語学校に1か月留学したのも、英語をもっと話せるようになりたいという理由でした。

卒業後も、パートナーの仕事の関係で海外に行ったり、または複数回海外赴任を経てきた友人も多く、そういう話を聞いてきたので、いつかはという気持ちがずっとあります。年齢を重ねるにつれ、医療面など不安に思うことが増えてきましたが、夢は持っていたいです。

私のひそかな夢②
秘境旅レポ、あるいはゆるい深夜番組

旅が大好きです。

とくに世界の秘境のような、誰も足を踏み入れたことのない過酷なところにも、以前から興味を持っています。

せっかくテレビ局に入ったのですから、仕事でないとなかなか行けないところに行って、体当たりでリポートをしてみたい。

新人に戻ったつもりで新しい体験をするのも、人生の醍醐味ではないかと思っています。もし叶ったら、まっさらな気持ちで取り組んでみたいことです。

弊社では、アナウンサーも番組企画を提案することができます。

以前、メディア業界に勤めていた友人から、「時事問題やニュースを離れた、あなたがゆったりとしている深夜番組を観てみたいなあ」と言われたことがあります。「ワイド！スクランブル」で扱っているようなテーマとはまったく違う、趣味の話や街で流行しているものの話、恋愛話などを、大人が語り合う番組。

普段はどうしても秒数に追われ、目をつり上げ、とくにコロナ禍のような非常時だと、１日１度も笑顔になれないまま放送を終える日もたくさんあります。でも、やっぱりテレビは観て笑ってくつろげることが大事だし、必要だと思うのです。

自分なりのユーモアをお届けできる番組を、いつか作れるように……まずは企画書を書いて出すこと、ですね。

1日1食・温冷浴で体を整える

帯番組を抱える身としては、何をおいても心身の健康が第一。そこで繰り返しになりますが、規則正しく生活することを信条にしています。

週6日、軽い運動を続けていること以外には健康法というものはとくにはないのですが、50歳を機に、平日は1日1食の生活を始めました。

あの人はここ何十年も変わらないなあ。どんな生活をしているんだろうと思う著名人の何人かが、1日1食をルールにしているという話を何かで読んだことがありました。そこで、ふと思い立って、あるとき何も食べずにオンエアに向かってみたのです。

すると、あまりおなかが空かないことに、まず驚きました。食べれば血糖値が上がりますが、そのうち下がると空腹を感じます。しかし、食べないままでいると血糖値が上下しないので、そんなに空腹感が生まれないのです。

何よりうれしかったのが、すごく研ぎ澄まされた感じがして、結果、いつもより仕事に集中することができたことでした。

ということで、平日は朝食や昼食を摂らず、放送後に帰宅してから、夕方か早めの夜くらいの時間に食べるだけ。料理は得意ではないので、煮るだけ、焼くだけのような簡単なものですが、なるべく自分で作って食べています。

それまでは、365日規則正しい時間に3食食べる派だったので、それはそれは大きな変化のはずですが、意外にすんなりとなじめました。

年齢を重ねていくと、内臓もそれなりに老化しているでしょうし、消化は体力を消耗するらしいので、頭をフル回転させなくてはならないときに消化のほうにエネルギーを使うのはやめようと考えました。

水分をしっかり摂ること、そして元気を出したいときには朝、準備をしながらノンアルコールの甘酒を飲むこともありますが、基本、１日１食を続けています。誰にでもおすすめできることではありませんが、集中力という点でいまのところ、私の体には合っているようです。

ちなみに、１食をしっかり食べているし、週末には〝食っちゃ寝〟というくらい思いっきり食べているので、残念ながら体重は減りません。

あとは、たまに温冷浴《おんれいよく》を。熱いお湯と冷たい水に交互につかる入浴法を、スパで行います。

毎日の2時間35分の生放送の間、私はずっと立っているのですが、最近、足がむくみやすいのが気になっていました。加齢とともに代謝が落ち、ふくらはぎのポンプ機能が衰えてくるのでしょう。

温冷浴を始めてからは、たしかに少し代謝がよくなったような気がするのと、自律神経が整う効果もあるように感じています。

新型コロナウイルス感染症など、ストレスのかかるニュースが多いいま、番組のあとはやはり気持ちが高ぶっていて、身体はそんなに使っていないはずなのに、とても気疲れしていると感じるときがあります。

そんなときに温冷浴に行くと、とてもスッキリするのです。温かい湯船と冷たい水との間を黙々と、修行僧のように行き来する時間は、個人的には心身をリフレッシュできるひとときです。

温冷浴以外にも、なるべく体を温めることは心がけています。湯気を浴びて不機嫌になる人は、あまりいませんよね。とくに朝は熱めのシャワーを浴びて喉を温めると、血の巡りがよくなって「よし、今日も頑張れそう」と元気が出てきます。

それなりの年齢になると更年期の影響もあるのか、体調がいい日のほうが少ないくらいという女性も多いと思います。

それでも一生つきあっていくしかないのが、自分の身体です。なんとかメンテナンスをしながら、なるべくいい状態で、健康寿命を延ばしていきたいものです。

ひとりでゆっくり、静かに暮らす

これといった趣味もないので、休みの日は、ひたすらのんびり過ごしています。家事も料理も苦手なので、掃除して洗濯してジムに行って、あとは録画していた番組や翌週のゲスト（決まっていることのほうが圧倒的に少ないですが）に来てくださる方の本や資料を読んだりしているうちに、休日が終わってしまいます。休日は計画的にキビキビ動くタイプではなく、予定を入れず、ゆったり過ごすのが好きです。

気持ちを解放するという点では、やはり母や姉、気の置けない友人とのおしゃべりがいちばん。いまはコロナ禍でなかなか難しくなりましたが、早く皆でワイワイ話したいです。

でも、そういうときも、私は人の話の聞き役に回ることが多いです。

「今日は大下さんの愚痴を聞く会」と集まってくれたときも、気がつくと友人の話をずっと聞いていたりします。自分が大変だと思っていたら友人の悩みのほうがずっと深く、私は恵まれているんだ、贅沢なことを言ってちゃダメだなと、気づかされることも多いのです。

友人の数は少ないほうですが、なんでも話し合える間柄は貴重です。


ひとりでいることも、年齢を重ねてどんどん好きになってきました。

忙しくしてきたのと、基本的にバイタリティが足りないこともありますが、結婚に積極的になれなかったのは、やっぱり私の中にそこまで強い願望がなかったからなのだと思います。どんなに忙しくてもたくさん恋愛をしたり、結婚して出産して、離婚して再婚する、という方もたくさんいらっしゃいますから。

両親からは、「結婚しなさい」「家族を持ちなさい」というふうに言われたことは、一度もありませんでした。思うところはそれぞれあったでしょうが、自由にさせてもらったのは、とてもありがたかったです。

「ずっとひとりで、このままでいいんだろうか？」と思う瞬間もないではないのですが、ひとりでいることは、いまの私にとっては、そう寂しいことではありません。

放送を終えての帰り道、私は電車の出入り口に立って、よく外を眺めています。

数えきれないほどの家が建ち並んでいて、その中にはひとりで暮らしている人もたくさんいる。ときどき立ち寄るカフェやお蕎麦屋さんにも、ひとりで食事をしている人はたくさんいます。

だから、「大都会で私はひとりぼっち」というよりは、みんなこの時代を生きる仲間なんだと。そう思うと、前向きになれます。

いま、コロナ禍で孤独を抱えている人はたくさんいると思います。

でもいまは、日本中、いや世界中の人たちが同じ船に乗っているような状態でもあるのです。

皆が同じ不安や心配を抱えながら、それでも同じ時代で頑張っているんだ。そう思うと、思いやりを持って生きたいと思わずにいられません。

大事にしていること

ＭＣという仕事をしているせいか、「コミュニケーションで大切にしていることはなんですか？」と聞かれることがよくあります。

私は迷わず、「聞くことです」と答えます。

入社3年目のころ、私は朝のワイドショーのリポーターをしていました。あるとき、凄惨《せいさん》な事件を取材し、翌日スタジオでその報告をしたのですが、私のリポートの途中でひとりのコメンテーターが割って入り、そのまま私以外の出演者同士で話が展開して、置いてけぼりになったことがありました。

私のリポートがたどたどしくて聞いていられず、助け船のつもりだったのかもしれません。ただ、この事件について現場に行ってきたのは私だけ。誰よりもこの事件について取材しているはずなのに、誰も話を聞いてくれない。

スタジオで、出演者の座るテーブルと少し離れたところにひとり立っていたのですが、その距離が実際よりもずっと遠く感じられました。

そのとき、ただひとり、私の拙いリポートをうなずきながらしっかり聞こうとしてくれたのが、MCの方でした。それが救いでした。

それから数年経って、「ワイド！スクランブル」を担当することが決まったとき、ひとつだけ目標を立てました。それは、「人の話を聞くことができる司会者になろう」ということでした。それは、いまもまったく変わっていません。

その思いを強くする出来事もありました。
6、7年前のことです。番組のゲストコメンテーターにシスターをお迎えしたことがありました。その方は関西にお住まいで、週に一度、東京のカトリック系の大学の授業のため、新幹線に乗って上京するという生活を送っていました。
あるとき、シスターが車内でひとり座っていたところ、ひとりの初老の紳士が話しかけてきたそうです。そしてちょっとだけかなと思っていたら、なんと新神戸から東京まで、ずっと隣で話し続けたというのです。

シスターは、そのお召し物でシスターとわかります。優しい佇まいに、男性もつい悩みがあったのか、話が止まらなくなったのかもしれません。

打ち合わせの合間のちょっとしたお話でしたが、シスターが、「見ず知らずの私にでも、これだけ話す。人というのは、それほどまでに話を聞いてもらいたいものなのですよ」とおっしゃったことが、忘れられませんでした。

スタジオ出演者は、「話す人」が圧倒的に多いです。そのために呼ばれているのだから、当然です。

でも、スタジオには「聞く人」も不可欠だと思っています。ちょっとわかりにくい話になったときに、視聴者に代わって疑問を投げかけたり、生放送に慣れていないゲストがいらしたときは、しっかり聞くことで心強く感じていただいたり。合いの手を入れることでテンポが出るなど、対話の一助になればうれしいです。

当初自分の立てた目標は間違っていなかったと思いますし、これからもそうありたいです。

自分なりの「たたかい」を、これからも

振り返ってみると、私はいつも少数派でした。

華やかなアナウンサーたちの中では、地味な存在。ワイドショーに加わってからは、周りは男性ばかりで、打ち合わせにいる女性はほぼ私だけ。

「これより、こっちのテーマのほうが面白い」「こうすれば、もっとよくなると思い

ます」と言っても、うなずいてもらえず、ひとつ提案するたびに何倍も否定が返ってくるといったような状況が、長く、本当に長く続きました。

それでも、与えられた役割を、自分なりに工夫しながらコツコツとこなしていくうちに、だんだん「これは大下らしいものの見方だね」「だったら採用してみようか」と言ってもらえる場面も増えてきました。

私が30歳を過ぎたころ、当時アナウンス部長だった女性が「頑張っている人のことは、応援したくなるものよ」と励ましてくださったことがありました。自分がいま、言う側の年齢になると、その言葉に心から納得します。

先日、大きなプロジェクトを率いるプロデューサーと話す機会がありました。結婚、出産を経て復帰した社内の後輩である彼女は「いまは、やりがいしかない」と言いきりました。その覚悟と清々しさにグッときて、部署は違うけれども協力できることはなんでもしたいと思い、そう伝えました。

アナウンス部の後輩や番組スタッフを見ていても、頑張っている人というのは際立っています。そうやって、若い世代を盛り立てていきたいです。

争わず、流れにさからわず、とにかく目の前の1日、一瞬を生きてきた……それは、ひとことで言うと、「他人と戦わない生き方」だったのかもしれません。

でも、やっぱり長い年月の間には、自分なりのたたかいがあったように思います。

「ワイド！スクランブル」にコメンテーターとして出演されている田中ウルヴェ京《みやこ》さんに、あるとき「大下さんは毎日、たたかっている。アスリートのようだ」と言われたことがありました。

アーティスティック・スイミング（当時はシンクロナイズド・スイミング）の選手として活躍し、オリンピックメダリストでもある田中さんにそう言っていただくのは恐れ多いのですが、それでも、仕事への取り組みをそのように見てくださっていることが、うれしかったです。

もちろん、私のたたかいは、誰かを打ち負かすためのものでも、負けないように競うというものでもありません。自分なりに番組に貢献したい、明日の放送を少しでもいいものにしたいというたたかいをずっと続けていて、毎日、最善を尽くしたいと思っています。

その意味で、私も及ばずながら、大好きなスポーツでいうところのアスリートでいたいし、い続けたいと願っています。

一方で、ひとりの女性としては仕事ばかりで、結婚もせず家庭も持たず子どももおらずの、ないないづくし。

でも、新型コロナウイルス感染症や気象災害のような出来事が次々と起こり、この先も何があるかわからないと感じるいま、私たちにできることといえば、その日その日をなるべく悔いなく生きること。その積み重ねしかないのだとも思えます。

そしてこのごろは、人に喜んでもらったり、何かの役に立てたりしたときに、なによりうれしいと感じるようになりました。

1日1日、精いっぱい、真心を大切に生きていく。

人からどう思われても、自分が納得できる生き方をする。

たたかいよりも、思いやりを。

これからも、感謝を胸に、明るく軽やかに歩んでいきたいです。

おわりに

この本を手に取ってくださり、誠にありがとうございました。

「本を書いてみませんか?」というお話をいただいたとき、とても驚き、悩みました。

同じ番組の繰り返しの日々で、自分なんぞにお伝えできることがあるのだろうか?

何もない自分を振り返るのが怖いな、というのもありました。

でも、今回このような機会を得ることによって改めて確認できたことがありました。それは月並みかもしれませんが、好きなことを見つけることの大切さです。好きなことなら少しくらい大変でも、頑張れるし成長したいと思える。必死になれるし夢中になれる。

そう考えると、この仕事に出会えたことへの感謝を忘れてはいけないと気づかされました。

そして最近、生放送の積み重ねの中でしか得られない「感覚」があるのかなと思うようになりました。

拙く未熟ながら少しでもその感覚を言葉にしてお伝えすることで、何かしらみなさまのお役に立つことができれば、こんなにありがたく、幸せなことはありません。

CCCメディアハウスの山本泰代さん、大谷道子さんにはお世話になりました。本の中に登場してくださったみなさま、ありがとうございました。こんな自分をいつも支えてくださる方々に、この場をお借りして心から感謝申し上げます。これからもよろしくお願いいたします。

そして、広島に住む家族に、心からありがとう。

2021年9月

大下容子

たたかわない生き方

2021年10月8日　初版発行

著者
大下容子

発行者
菅沼博道

発行所
株式会社 CCCメディアハウス
〒141-8205
東京都品川区上大崎3丁目1番1号
電話　販売 03-5436-5721／編集 03-5436-5735
http://books.cccmh.co.jp

編集協力
大谷道子

装画
長場 雄

装幀
寄藤文平＋古屋郁美（文平銀座）

校正
株式会社 文字工房燦光

印刷・製本
株式会社 新藤慶昌堂

•

ISBN 978-4-484-21230-2